Le management
par la confiance

Éditions Eyrolles
61, bd Saint-Germain
75240 Paris Cedex 05
www.editions-eyrolles.com

© Éditions Eyrolles, 2020
ISBN : 978-2-212-57431-9

Olivier Truong
Fabien De Geuser
Emily Wiersch
Charles-Henri Besseyre des Horts
Paul-Marie Chavanne

Le management par la confiance

Les clés d'un leadership bienveillant et authentique

Éditions
EYROLLES

Sommaire

PARTIE 3 – FICHES PRATIQUES

LES COMPORTEMENTS VIS-À-VIS DE SOI-MÊME

LES COMPORTEMENTS VIS-À-VIS DES AUTRES

LES COMPORTEMENTS VIS-À-VIS DES ÉQUIPES

LES COMPORTEMENTS VIS-À-VIS DES ORGANISATIONS

PARTIE 4 – INTERVIEWS DE DIRIGEANT(E)S

Préface

De toutes mes années à diriger des entreprises, j'ai acquis des convictions sur ce qui fait que les entreprises réussissent.

Manager par la confiance est au cœur de ce qui fait la réussite de toute organisation humaine. La confiance fut l'un de mes principes d'action, notamment à la tête de GeoPost (DPDgroup) que j'ai dirigée comme PDG pendant les vingt dernières années. GeoPost est une fédération d'entreprises indépendantes, initialement complètement autonomes, acquises de leurs fondateurs.

La première réalité qui s'est imposée à moi était de conserver cet esprit d'entreprise créé par les fondateurs de toutes ces sociétés. Je n'ai jamais souhaité que GeoPost devienne une immense organisation, mais qu'elle conserve de l'agilité et de la souplesse, conformément à l'identité initiale des entreprises qui la composent. Mon premier principe a été de faire confiance à ces esprits indépendants pour qu'ils continuent leur œuvre à l'intérieur du groupe.

Mon deuxième principe dès le départ a été d'avoir confiance en notre avenir : j'ai imaginé que nous deviendrions un grand champion européen. Je ne savais pas comment, je ne savais pas dans quel délai, je ne savais pas par quel chemin mais je savais que l'on devait y arriver, sinon il ne fallait pas continuer à développer l'entreprise. Avoir confiance dans le destin de cette magnifique entreprise a sans doute été un moteur pour toutes les femmes et tous les hommes qui nous ont rejoints.

Mon troisième principe a été de recruter des hommes et des femmes de talent. Mon obsession a en effet été de recruter des entrepreneurs avec des idées, qui ont de l'imagination, qui veulent aller au-delà des réalités immédiates et qui sont prêts chaque jour à inventer le futur. Si le premier défi est de recruter des femmes et des hommes de talent, le deuxième est de les faire vivre ensemble car vous recrutez des personnes qui ont forcément un ego assez fort ; mais sans cet ego, ils ne seraient pas ce qu'ils sont. Le troisième défi, c'est de leur donner la liberté de s'exprimer. Cela n'est pas la peine de recruter des talents si c'est pour les enfermer dans des procédures et des contraintes. En d'autres termes, il s'agissait de leur faire confiance pour exercer librement leurs responsabilités et pour prendre des initiatives. Cette philosophie a été et est véritablement le socle de la culture de cette entreprise.

Mon quatrième principe a été d'éviter la confusion stratégique et la confusion « managériale ». On ne fait jamais assez de stratégie dans les entreprises. La stratégie a deux buts : indiquer là où on veut aller mais aussi repérer là où on ne veut pas être. Une bonne stratégie doit répondre clairement à ces deux questions. Quant à la confusion managériale, elle correspond au mal qui guette toutes les entreprises qui est la prolifération des structures. D'où cela vient-il ? De la complexité du monde et des exigences qui concernent toutes les entreprises, qui viennent de toutes les parties prenantes. La manière de répondre à ces exigences, c'est de créer une structure chaque fois qu'il y a un problème nouveau. Au fur et à mesure du temps, les structures se développent et se complexifient ; elles prennent tout l'espace physique et progressivement tout l'espace de respiration de l'entreprise et étouffent progressivement le dynamisme de l'entreprise. Développer de la confiance dans une organisation, c'est créer une organisation flexible, ajustée à la stratégie de l'entreprise où chacun peut exprimer son talent.

Enfin je voudrais finir par un sujet éminemment important et trop souvent tarte à la crème que sont les valeurs de l'entreprise. À mes yeux, il y a une valeur clé que j'appelle « valeur opérationnelle », et qui est la performance. Elle naît de la nécessité de faire face à la concurrence. Avec elle, il y a trois valeurs fondamentales qui la complètent : la confiance, la bienveillance et la reconnaissance. Elles se nourrissent les unes des autres : la reconnaissance nourrit la bienveillance, la bienveillance nourrit la confiance, et ainsi de suite. Ces valeurs cardinales sont au cœur de la performance d'une entreprise et elles partent du postulat que l'on peut permettre à chacun d'exercer sa faculté de jugement, de prendre des décisions, de renforcer son sentiment d'utilité et d'avoir ainsi davantage confiance en soi. Manager par la confiance, c'est permettre de libérer les énergies humaines d'une organisation.

Paul-Marie Chavanne

La confiance : du constat à l'injonction

La floraison des ouvrages et des articles sur la confiance (à laquelle s'ajoute ce livre !) peut être interprétée de deux manières. La première, optimiste, consiste à voir dans ce déferlement la reconnaissance peut-être un peu gentillette de la positivité de la valeur confiance et la dénonciation parallèle d'un monde du travail qui aurait évolué dans le sens d'un individualisme croissant et d'une méfiance, voire d'une paranoïa accrue. La confiance serait porteuse de valeur au sens classique de la stratégie d'entreprise : mobiliser la confiance engendrerait un avantage concurrentiel en termes d'efficacité, d'efficience et de créativité. Il s'agirait donc de la redéployer au sein des organisations. Et pourquoi pas ? Finalement, pourquoi laisser parler les cyniques en nous qui ricanent de cette prétention au respect, à l'attention et à la sollicitude ? Mais le succès de ces livres peut laisser penser que leurs lecteurs essaient de comprendre mieux la nature de cette création de valeur par la confiance. Ce que nous pourrions appeler le *business case de la confiance*. En effet, le mot « confiance » est un mot-valise et il devient urgent de préciser les sens de ce mot, ses sources et ses impacts. Ce présent livre va essayer de vous formuler ce business case de la confiance en répondant à ces questions fondamentales : qu'est-ce que la confiance ? Pourquoi avons-nous besoin de la confiance (la valeur confiance) ? Quelles sont ses sources ?

Cependant, on peut, sans rejeter cette première thèse, voir aussi dans la cascade d'appels à la confiance, une autre explication : celle qui consiste à lire dans la demande frénétique pour des recettes de confiance, l'aveu d'une grande fragilité des managers et des organisations à engendrer la confiance et à l'exercer. C'est là le cœur de la deuxième interprétation : il y a un paradoxe entre la valorisation de la confiance et le fait que les managers répètent à l'envi « faites-moi confiance », « ayez confiance en vous » « ayez confiance dans la stratégie ». C'est ce que nous appelons le *syndrome de Kaa*, du nom du serpent dans le célèbre dessin animé de Walt Disney qui hypnotise Mowgli, le petit garçon qu'il souhaite capturer et probablement dévorer. Pour attirer Mowgli, Kaa répète à l'envi : « Fais-moi confiance, fais-moi confiance. » Or, il nous semble possible de lire à la fois dans les ouvrages dédiés à la confiance et dans les injonctions quotidiennes au sein de l'entreprise ce « fais-moi confiance » dont on se demande quelquefois s'il ne relève pas de cette hypnose manipulatoire qu'incarne si bien Kaa le serpent.

Une autre manière de caractériser ce glissement est d'analyser la conjugaison des verbes utilisés par les managers et les ouvrages dédiés à la confiance : ce n'est pas la même chose de dire « J'ai confiance en mon équipe » et « Faites-moi confiance ». Le présent de l'indicatif appelle à comprendre comment et pourquoi s'est engendrée la confiance, alors que l'impératif interpelle sur la dimension disciplinaire et surtout, sur le manque actuel de confiance. Repérer le passage du présent de l'indicatif à l'impératif dans les organisations quand il s'agit de la confiance est une méthode pour repérer le syndrome de Kaa !

Par syndrome de Kaa, nous ne voulons pas dire que le management par la confiance est un management manipulatoire, ni même que les managers seraient des serpents voulant dévorer leurs équipes, bien sûr. Ce que nous vous proposons, c'est de réfléchir aux raisons qui expliquent pourquoi il y a cette invocation permanente de la confiance, pourquoi on se sent obligés de la répéter, encore et encore, au point que beaucoup d'entre nous commencent à se demander s'il n'y a pas un piège là-dessous. Donc finalement, dans ce livre, ce que nous chercherons à faire avec vous, c'est voir comment continuer à faire confiance à la confiance !

Pour cela nous avons organisé le livre de la manière suivante. Tout d'abord, nous dessinerons à grands traits le business model de la confiance en expliquant pourquoi ce business model est particulièrement pertinent aujourd'hui. Puis nous présenterons le syndrome de Kaa, c'est-à-dire les raisons pour lesquelles, malgré la valeur perçue de la confiance, beaucoup de gens remettent en question cette dernière et donc pourquoi les managers doivent se transformer en Kaa. Ensuite, nous présenterons des solutions opérationnelles développées par des managers, sous la forme de fiches pratiques, pour lutter contre Kaa et pouvoir refaire confiance à la confiance. Nous terminerons par les interviews d'une vingtaine de dirigeants qui nous éclairent sur ce qu'est la confiance à leurs yeux et comment ils la mettent en œuvre au sein de leur entreprise.

Le business case de la confiance : pourquoi la confiance ?

La confiance est un peu comme les magiciens dans les contes de fées ou les films d'aventure. On sent bien qu'elle est porteuse d'espoir mais en même temps, il n'est pas toujours facile de comprendre ni comment elle fonctionne, ni comment s'assurer de pouvoir la mobiliser au bon moment. D'ailleurs le rapprochement entre la confiance et une certaine forme de pensée magique chez les managers n'est pas forcément usurpé : ils répètent « confiance, confiance » comme une formule magique. Le propos de cette première partie est de sortir de ce registre fantastique pour revenir à une confiance instrumentale, appuyée sur des pratiques avérées et surtout bien définie à la fois dans ce qu'elle est et dans ses modalités opératoires.

Nous allons donc d'abord essayer de comprendre ce qu'est la confiance et pour cela proposer une définition basée sur trois caractéristiques fondamentales (les trois vertus théologales de la confiance) : la vulnérabilité, la promesse et l'espérance. Ces trois dimensions permettront de mieux comprendre la mécanique de la confiance qui repose principalement sur le fait de s'accepter dépendant de quelqu'un (et donc de se reconnaître vulnérable), de s'engager sur un résultat (la promesse) et finalement de se mettre en condition d'espérer.

Cependant, nous mettrons en évidence que la confiance, en tant que phénomène organisationnel, se déploie différemment selon l'unité considérée : confiance dans l'équipe, dans le projet, dans le chef, l'entreprise, le dirigeant, etc. Cette différence s'explique par des attentes de confiance hétérogènes en fonction précisément du niveau organisationnel. Quatre grandes attentes peuvent être identifiées qui feront évoluer le management de la confiance selon le niveau organisationnel : la confiance collaborative, la confiance solidaire (ou de soutien), la confiance par le sens et la stratégie, et la confiance dans la justice.

Nous montrerons ensuite que la confiance peut s'exprimer selon trois modalités complémentaires : la confiance suscitée (comment inspirer confiance), la confiance donnée (faire confiance) et la confiance en soi. Le management par la confiance ne peut se déployer que s'il traite de ces trois modalités.

Puis après ces deux premiers chapitres consacrés aux définitions et aux modalités, il conviendra d'étudier plus précisément les fonctions de la confiance, car, en effet, finalement, pourquoi la confiance ? Quelle valeur au sens économique crée-t-elle par rapport, par exemple, au management par le contrôle ? C'est là vraiment le cœur de ce que nous appelons le business case de la confiance. Nous montrerons les sept grandes retombées de la confiance dans nos organisations. Nous verrons en particulier que la confiance ne sert pas qu'à développer des organisations moins hiérarchiques, par exemple. Alors bien sûr, ces rôles de la confiance sont universels. Mais, et ce sera le dernier chapitre de cette première partie, certaines organisations peuvent bénéficier encore davantage que d'autres d'un management par la confiance. Nous proposerons un certain nombre de critères, très faciles à utiliser pour autoévaluer son entreprise, permettant d'anticiper une pertinence accrue d'un management de la confiance.

Chapitre 1

Les trois vertus théologales du management par la confiance : vulnérabilité, promesse et espérance

Tout d'abord, bien évidemment, précisons ce que nous entendons par la confiance. Vous pourrez facilement trouver des définitions multiples de la notion de confiance. Par exemple, la définition la plus partagée est vraisemblablement celle de Denise Rousseau qui écrit que « *trust is a psychological state comprising the intention to accept vulnerability based upon positive expectations of the intention or behavior of another*[1] ».

En fait, toutes les définitions de la confiance ont, selon nous, trois caractéristiques communes :
* la vulnérabilité,
* la promesse,
* l'espérance.

Le management par la confiance va donc reposer sur ces « trois vertus théologales » que nous allons maintenant présenter.

---

1. « La confiance est un état psychologique dont l'intention est d'accepter la vulnérabilité en se fondant sur une attente positive de l'intention ou du comportement de l'autre. » ROUSSEAU D. *et al.*, « Not so Different after all, a Cross-discipline View of Trust », *Academy of Management Review*, 23:3, 1998, p. 395.

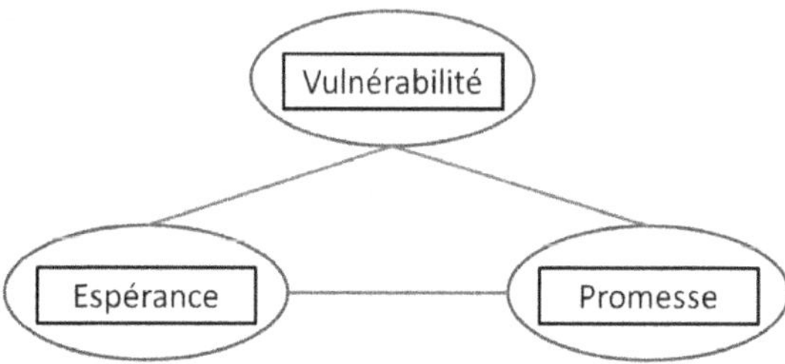

FAIRE CONFIANCE, C'EST S'ACCEPTER VULNÉRABLE

Kaamelott est une des séries télévisées françaises les plus célèbres. Elle raconte la saga arthurienne, mais une de ses originalités est de le faire en évitant une héroïsation des protagonistes que nous connaissons tous : Arthur, Perceval, Merlin… Son créateur, Alexandre Astier, réécrit la quête du Graal en se demandant comment celle-ci pourrait se dérouler si les chevaliers de la Table ronde ne comprenaient rien à ce qu'était le Graal, s'ils étaient « normalement » incapables de se montrer à la hauteur de l'utopie chevaleresque, s'ils étaient, comme nous tous, raisonnablement peureux, paresseux, avides… C'est ce renversement qui déclenche la plupart des effets comiques de la série. Du point de vue du « manager », le roi Arthur, on voit dans cette série la difficulté qu'il y a à tenir une vision stratégique ambitieuse avec des collaborateurs « normaux ». On comprend en particulier les tendances dépressives dans lesquelles tombe souvent le roi Arthur quand il saisit la difficulté qu'il y a à devoir se reposer sur ses chevaliers tous débordés par la tâche. On comprend aussi tout le travail de soutien, en particulier envers Perceval et Merlin qui incarnent le paroxysme de cette « nullité quotidienne », que déploie le roi Arthur qui maintient ces personnages auprès de lui malgré toutes leurs imperfections. On a là un des plus beaux exemples du management par la confiance et en même temps, une des meilleures illustrations de la difficulté de cette posture – et en particulier de la fragilité du roi Arthur.

Faire confiance à quelqu'un, c'est en effet d'abord se mettre en situation de fragilité, car c'est accepter de dépendre de cette personne, alors même qu'il n'est pas certain que cette personne sera à la hauteur de la tâche demandée. C'est donc accepter de se mettre en situation de vulnérabilité. Je ne contrôle pas complètement la situation et je m'en remets à l'autre. Faire confiance, avoir confiance… quelle que soit la manière de l'écrire ou le formuler, c'est donc avant tout s'accepter insuffisant ou fragile.

Il est très important d'insister sur le lien consubstantiel entre confiance et vulnérabilité car, comme on le verra plus loin, nos pratiques managériales ne sont en fait pas si ouvertes à la vulnérabilité que ce que l'on pourrait espérer : on sait tous que le management est avant tout en quête de solutions, de personnes qui agissent, qui font… des « *achievers* » qui s'engagent sur les résultats. Or, cette attitude surpositive, c'est un postulat de capacité et de puissance. Le management, dans son optimisme quasi prométhéen, fait l'hypothèse contraire de celle de la vulnérabilité. Ou plutôt, il refuse le droit d'être dépassé, d'être inquiet, d'avoir peur… Il faut avoir de l'audace et oser. Mais reconnaître que manager, c'est faire des choses qui souvent sont au-delà de nos capacités, de faire des choses dans des conditions telles (pas assez de ressources, pas assez d'informations, pas assez de temps…) que le risque est énorme, que le résultat sera soit un échec total soit une solution très moyenne dont on masquera la

« bringuebalance » dans un discours creux ; reconnaître cela, c'est presque un tabou.

Or, pour faire confiance, dans les autres ou en soi-même, il faut accepter précisément d'avoir peur et de dépendre de choses que l'on ne contrôle pas. Le premier enjeu du management par la confiance va donc passer par le développement des conditions pour que chacun accepte sa vulnérabilité, pour sortir du mythe du surhomme (qui n'a pas besoin de la confiance, puisqu'il est surhomme) et pour construire finalement un monde, non pas de super héros, mais de gens normaux, fragiles, qui « font ce qu'ils peuvent » !

INSPIRER CONFIANCE, C'EST FAIRE UNE PROMESSE

Le deuxième pilier de la confiance, c'est la promesse. Faire ou inspirer confiance, c'est créer une sorte de promesse : une personne s'engage sur une promesse de résultat, différente conceptuellement et pratiquement du classique contrat d'objectifs. La promesse de la confiance vient compléter précisément les contrats. C'est d'ailleurs souvent exprimé à la fois au niveau du management et des relations entre entreprises ou partenaires, voire en finance : les contrats sont toujours incomplets et ne peuvent fonctionner qu'avec un minimum de confiance. H. Levinson[1] parlait de « contrat psychologique » pour résumer cette seconde couche des contrats formels et il montrait que ces contrats psychologiques régissent beaucoup plus profondément nos relations professionnelles que les contrats classiques. Or, la promesse, c'est exactement le mécanisme

---

1. LEVINSON, H. *et al.*, *Men, Management, and Mental Health*, Harvard University Press, 1962.

et le contenu de ces contrats psychologiques. Manager par la confiance, c'est donc prendre au sérieux cette notion de contrat psychologique ; c'est s'engager au-delà du formel.

D'un point de vue pratique, cela amène les managers à s'interroger sur le *contenu de la promesse* et sa *crédibilité*.

Pour inspirer confiance, vous devez promettre quelque chose, mais ce quelque chose doit intéresser les personnes, leur être utile ou au moins satisfaisant. Du point de vue du collaborateur, la promesse tient au résultat attendu par le manager et du point de vue du manager, la promesse relève des attentes non formalisées du collaborateur. Il y a donc la nécessité fondamentale de comprendre les attentes et les besoins de vos collaborateurs pour leur faire une promesse à laquelle ils vont accorder une valeur. C'est ce que les Anglo-Saxons appellent les « *managing expectations* » qui supposent de votre part d'écouter et de reconnaître les besoins et les intérêts de vos collaborateurs. Se mettre dans leurs chaussures, leur montrer de l'empathie… vous savez bien évidemment le faire, mais le faites-vous réellement et surtout intégrez-vous cela dans vos « promesses » ? Et d'ailleurs le faisons-nous tant que cela ? N'avons-nous pas eu tendance à mettre en lumière le projet collectif en dévalorisant les petits jeux personnels ? Mais ces petits jeux personnels sont en fait la matérialisation des besoins de chacun : besoin de reconnaissance, besoin de carrière, besoin de protection… Pour que les gens vous fassent confiance, il faut qu'ils y trouvent quelque chose. Manager par la confiance, c'est reconnaître et faire place à toutes les petites ambitions personnelles, les singularités… Il faut donc se donner les moyens d'une analyse stratégique qui se baserait sur les agendas personnels de chacun. Sans cela, pas de promesse !

Bien évidemment, il faut tenir parole et que cette parole soit crédible. La crédibilité devient alors un des fondements de la confiance. On peut distinguer trois niveaux de cette crédibilité nécessaire à un management par la confiance : la *fiabilité*, la *loyauté*, le *sérieux*. Être crédible, c'est être fiable, c'est-à-dire que l'on peut avoir foi dans votre promesse. Le manager engagé dans une relation de confiance doit pouvoir émettre des signes de sa fiabilité. C'est beaucoup plus difficile que ce qui est souvent dit, car tenir sa parole en management est souvent remis en question par les aléas des coupes budgétaires, des nouvelles règles, des compromis… On comprend alors que le capital fiabilité de chacun est plutôt dans une tendance baissière dans les organisations. Et pourtant, il va vous falloir booster ce capital !

Mais on peut aussi être crédible aux yeux de ceux à qui l'on fait une promesse grâce à sa loyauté, c'est-à-dire non pas notre capacité perçue à livrer, mais le fait que nos collaborateurs sont certains qu'en situation difficile, nous serons toujours de leur côté : pas de coup de poignard dans le dos. Les personnes loyales feront toujours au mieux de nos intérêts. C'est aussi un des sens premiers de la bienveillance : je ferai toujours place à vos intérêts (« béné-bolence » : je veux votre bien). Il est étonnant d'ailleurs de voir à quel point ce que cherchent les managers, c'est cette loyauté, plus encore que la fiabilité. Ils acceptent finalement assez que leurs collaborateurs ne soient pas toujours fiables s'ils sont loyaux !

Le troisième niveau de la crédibilité est celui du sérieux. En fait, nous devrions plutôt utiliser des expressions moins élégantes mais plus usitées : la promesse ne fonctionne pas avec des gens qui « pipotent », voire pour reprendre l'expression analysée par H. Frankfurt[1], des « *bullshitters* ». Sérieux ne veut en effet pas dire professionnels ou rigoureux. Cela veut dire que l'on se dit les choses, que l'on se dit la vérité. Ce besoin de « vrai », de « transparence », de « feedback sincère » apparaît tristement rare dans des pratiques managériales où l'on se défausse si souvent sur les autres, l'environnement, le hasard… Manager par la confiance, c'est donc travailler son rapport au vrai et à la sincérité dans un monde qui fonctionne largement sur la rhétorique et « l'optimisation narrative » !

FAIRE CONFIANCE, C'EST ESPÉRER

Mais la vulnérabilité et la promesse ne suffisent pas pour engendrer la confiance. Il faut aussi la troisième vertu théologale : l'espérance. La troisième caractéristique de la confiance entretient en effet un rapport compliqué à la rationalité. Très logiquement, en toute rationalité, dans les situations où l'on doit se replier sur la confiance, paradoxalement on ne devrait pas avoir confiance ! Cela semble contre-intuitif, mais c'est pourtant le cas : on fait confiance quand il n'y a pas de signes objectifs garantissant le succès. Si ces signes existent, alors, précisément, je n'ai pas besoin de faire confiance puisque le résultat est (à peu près…) certain. On ne fait confiance que quand les signaux vont plutôt dans le sens contraire. Le sociologue G. Simmel parle de « suspension du doute rationnel ». On pourrait aussi montrer que dans la confiance, on fait passer le soupçon depuis le collaborateur vers la rationalité : on fait confiance au collaborateur plutôt qu'à sa propre

---

1. FRANKFURT H., *On Bullshit*, Princeton University Press, 2005.

rationalité. Beaucoup d'expressions liées à la confiance évoquent cette suspension : « Quand j'ai confiance, j'ose, je me jette à l'eau, je déplace des montagnes… » L'idée sous-jacente est que logiquement, je ne devrais pas me jeter à l'eau ou que je ne parviendrai pas à soulever des montagnes. Avoir confiance en quelqu'un, c'est donc faire taire la petite voix qui nous rappelle qu'il y a quand même de fortes chances que cette personne pense davantage à elle-même qu'à nous-même. Ou faire taire ce que nous avons appris à travers le dilemme du prisonnier ou des postulats sur *Homo œconomicus* ; c'est oublier la raison froide et finalement accepter l'optimisme comme une position raisonnable par opposition à ce que notre rationalité pourrait nous suggérer.

Manager par la confiance, c'est alors comprendre comment on peut raisonnablement espérer le non-raisonnable, comment espérer le positif. En cela, la confiance s'ancre dans la réflexion sur l'optimisme et la positivité. Les travaux de P. Gabilliet[1] sont un bon exemple de cette approche, mais aussi ceux liés à la psychologie positive[2]. Ils posent tous les fondements d'un optimisme rationnel, c'est-à-dire d'un optimisme méthodologique plutôt que dispositionnel. En effet, le manager confiant sait, en toute rationalité, que les conditions ne sont pas réunies pour que tout se passe bien. Mais, encore une fois en pleine conscience, il se met en situation d'optimisme. Il n'est pas optimiste par qualité humaine, mais par méthode. C'est cette méthode de l'optimisme qui fait l'opérationnalité de l'espérance dans un management par la confiance.

---

1. GABILLIET P., *Éloge de l'optimisme*, Saint Simon Editions, Paris, 2010.
2. CSIKSZENTMIHALYI, M., *Flow: The Psychology of Optimal Experience*, Harper & Row, 1990.

Chapitre 2

Les différents niveaux organisationnels de la confiance

Le management par la confiance traverse toutes les strates de l'entreprise : il s'agit d'avoir confiance dans ses collègues, son projet, ses dirigeants… voire dans l'environnement dans lequel opère l'entreprise. On voit alors que la confiance est un enjeu multiniveau que l'on peut classer depuis le niveau le plus individuel (qui renvoie à la confiance en soi et dont nous discuterons plus loin) jusqu'au niveau le plus macro-organisationnel (avoir confiance dans l'État, le cadre juridique, la comptabilité…) en passant par toute la granularité méso-organisationnelle (l'équipe, le collectif, le projet, la business unit, les dirigeants, l'entreprise, les actionnaires).

Les différents niveaux organisationnels (non exhaustifs) sont :
- l'individu,
- le collectif (collègues),
- l'équipe dédiée,
- le projet,
- la supervision directe,
- la structure organisationnelle,
- les dirigeants,
- l'entreprise,
- les actionnaires,
- les autres parties prenantes.

Or, quand on analyse la confiance à travers ce prisme multiniveau, il apparaît assez rapidement que les enjeux de cette confiance ne sont pas les mêmes sur toutes ces dimensions. Ainsi, la confiance que l'on souhaite avoir dans son équipe quand on est chargé de l'entretien d'installations à fort risque n'est pas la même que la confiance que l'on souhaite avoir dans les choix stratégiques de l'entreprise ou dans la relation que l'on entretient avec son DRH – ou encore dans l'idée que le projet dans lequel on est impliqué a une bonne chance d'être implanté ou qu'il n'est pas une énième agitation sans véritable importance.

Il s'agit alors d'adapter le management par la confiance à cette hétérogénéité des attentes vis-à-vis de la confiance en fonction des niveaux.

Mais cela suppose de comprendre ces attentes. Il est utile pour cela de réfléchir à une « typologisation » de ces attentes et d'en tirer des leviers ou les sources pour engendrer la confiance correspondante.

	Niveaux organisationnels concernés	Exemples de sources de la confiance
Confiance collaborative	Équipe, projet, supervision directe	Expériences communes, expertises reconnues
Confiance solidaire	Collectif, supervision directe, structure organisationnelle	Culture commune, formation
Confiance-sens/stratégie	Individu, supervision directe, dirigeants, autres parties prenantes (conseil d'administration…)	Participation, explication, présence
Confiance justice	Structure organisationnelle, gouvernement	Formalisation, écoute, empathie

LA CONFIANCE COLLABORATIVE OU PROFESSIONNELLE

Tout d'abord il y a la confiance qui peut être qualifiée de *collaborative* : les personnes attendent, quand elles travaillent avec d'autres, de pouvoir compter sur une coopération fiable : que la production livre à temps ; que la partie du dossier réalisée par le collègue le soit comme cela était prévu. Nous espérons une réduction de l'incertitude concernant la qualité de l'interaction collaborative avec nos collègues. Cette confiance collaborative se construit, par exemple, à travers l'expérience commune renouvelée (on fait confiance aux personnes avec qui l'on a déjà travaillé), la reconnaissance de l'expertise des collaborateurs…

LA CONFIANCE DE SOLIDARITÉ

On trouve ensuite la confiance *de solidarité* : de nombreuses personnes trouvent dans l'entreprise un collectif, c'est-à-dire une affiliation sociale. On va parler de « ses collègues », par opposition par exemple à « ses confrères ». Il y a là un type de relation sociale qui dépasse la dimension purement collaborative. Mes collègues ne se résument pas à ceux qui travaillent directement avec moi. Cette dimension communautaire constitue la colonne vertébrale des sentiments identitaires. Elle ne recoupe pas forcément l'entreprise ni même la business unit (B.U.). On sait bien en effet que la dynamique sociale des petits groupes peut amener certains collectifs à exclure telle ou telle personne. On pense aux groupes informels au sein des entreprises, à ceux qui vont partager un verre ensemble après le travail, par exemple. Ces groupes fonctionnent entre autres sur une qualité de relation sociale qui renvoie à la cohésion, à l'amitié, à la proximité intellectuelle… et pas nécessairement à un pur échange collaboratif. La confiance dans ce type de relation permet le recul critique par rapport à ce que chacun vit dans l'entreprise, le soutien inconditionnel et sans enjeu caché… On est en confiance parce qu'on est presque entre amis. Or, cette confiance est essentielle au fonctionnement global de l'entreprise car elle vient compléter la confiance collaborative en transcendant les limites de cette dernière, circonscrite à la pure efficacité, et vient offrir aux personnes une sorte d'équilibre affectif rassurant. Cette confiance se construit à travers des moments qui transcendent les expériences professionnelles : par exemple, le fait d'avoir suivi les mêmes études ou les mêmes séminaires de formation continue ; de partager un hobby ou de relever de la même culture nationale dans un pays étranger. Le management de la confiance pourra alors chercher à élaborer des opportunités pour qu'un tel type de relation s'instaure en organisant des espaces conviviaux, des formations événementielles, etc. Il faut noter que ce sentiment de solidarité peut et doit aussi se construire dans la relation hiérarchique. Se sentir en confiance avec son chef, c'est poser que ce dernier manifestera toujours une solidarité « verticale » avec vous, en vous protégeant et en vous témoignant bienveillance et soutien. Ce n'est pas un appui collaboratif : vous n'attendez pas ici qu'il vous aide, mais qu'il soit avec vous quelle que soit la situation.

LA CONFIANCE DU SENS ET DE LA STRATÉGIE

La troisième attente vis-à-vis de la confiance est celle du *sens* et de la *stratégie*. Être en confiance au travail suppose qu'il y ait, on l'a vu, une promesse de futur, c'est-à-dire que l'on soit rassuré sur l'avenir. Cela implique bien évidemment une clarification et une coconstruction de la stratégie pour proposer ainsi un cadre et une boussole partagée, auxquels les collaborateurs adhèrent. Mais ce type de confiance implique aussi une réduction du sentiment de l'absurde. Je n'aurai confiance dans la stratégie que si cette dernière n'est pas du vent ou simplement un ensemble de mots-valises posés les uns à côté des autres. Faire confiance, c'est donc trouver du sens, c'est-à-dire à la fois une direction et un propos cohérents, réfléchis et valides. Cela relève bien évidemment de la direction, mais également des instances de supervision qui doivent faire percoler ces mécanismes de construction de sens, ainsi que du niveau individuel. En effet, pour ne pas tomber dans la dépression ou la schizophrénie, chacun doit faire l'effort de vérifier sa propre compatibilité avec la stratégie. Suis-je vraiment en ligne avec les choix organisationnels ? Personne ne peut vivre longtemps la dissonance morale et motivationnelle engendrée par des visées organisationnelles trop éloignées de ses propres valeurs. Avoir confiance dans le sens et la stratégie véhiculés par la direction suppose donc aussi un travail sur soi, un travail de conscientisation de ses propres choix concernant ce qu'est une entreprise dans laquelle on souhaite travailler.

Cette confiance dans le sens et la stratégie se construit par la discussion, le partage, l'élaboration continue et commune de la stratégie et par une discipline constante pour en maintenir la cohérence et le réalisme.

LA CONFIANCE DANS LA JUSTICE

La quatrième attente de confiance, différente entre niveaux organisationnels, relève de la question de la *justice*. Être en confiance, c'est penser que le traitement qui nous sera réservé le sera de manière professionnelle et sans clientélisme ou favoritisme. Ce n'est pas la même fonction que celle de la confiance dans la solidarité qui renvoie, elle, au soutien sans faille, c'est-à-dire précisément à l'inverse de la justice un peu froide dont nous parlons ici. On peut d'ailleurs utiliser l'expression de « justice procédurale » pour qualifier cette attente permettant la confiance.

Si ma performance n'est pas reconnue, je ne peux pas avoir confiance, car je perçois une injustice et donc un environnement qui m'est hostile. Cela inscrit la confiance dans une dimension beaucoup moins interpersonnelle que pour ses autres rôles. Ici, ce qui fonde la confiance, ce sont les règles, les procédures, les normes… et cela met la structure organisationnelle formelle comme les fonctions support (le contrôle de gestion, la RH…) au cœur du management par la confiance. Il s'agit d'avoir confiance dans la RH par exemple pour pouvoir travailler, car la RH va être le garant d'éléments de justice essentiels pour chacun d'entre nous. Cela implique aussi d'autres parties prenantes qui souvent débordent le cadre de l'entreprise : il faut avoir confiance dans la neutralité gouvernementale, l'absence de corruption, etc., pour pouvoir être en situation de s'engager dans son travail.

Là, la construction de cette confiance dans la justice s'inscrit profondément dans la règle, respectée et juste, c'est-à-dire aussi dans le sérieux de sa conception et dans la force et l'égalité de son implémentation. Les fonctions support en particulier sont alors à la manœuvre, mais pas qu'elles. Le dirigeant, par son exemplarité, garantit qu'il n'y a pas de double discours sur les règles et contribue alors à la confiance dans la justice.

Manager par la confiance revient donc à comprendre à quel niveau organisationnel on se situe (individuel, collectif, projet…) et quel type de confiance est alors attendu !

Chapitre 3

Les trois dimensions de la confiance : faire confiance, inspirer confiance et avoir confiance en soi

Or ce qui est intéressant, aussi, c'est que cette confiance, qui allie, comme on l'a vu, vulnérabilité, promesse et espérance et qui varie de niveau organisationnel en niveau organisationnel, peut aussi se lire en trois dimensions qui correspondent à trois grandes questions :

- Comment faire confiance ?
- Comment inspirer confiance ?
- Comment avoir confiance en soi ?

La langue anglaise nous permet aussi de bien faire apparaître les différents sens du mot. Ainsi, on distinguera « *trust* » (qui correspond à la première interrogation), « *trustworthy* » (qui renvoie à la deuxième) et « *confidence* » (ou plus précisément « *self confidence* ») qui traduit la confiance en soi.

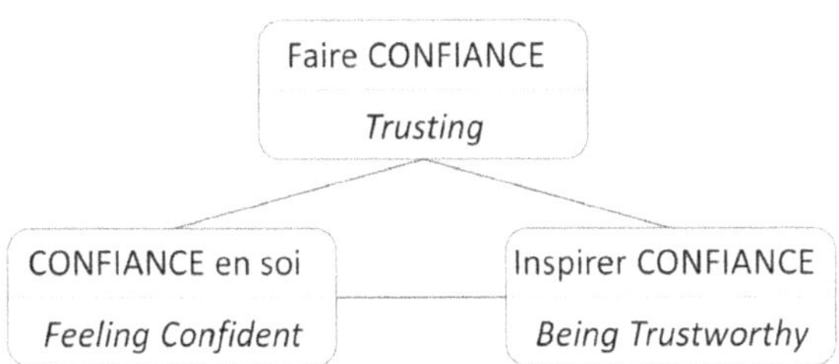

Ces trois dimensions permettent tout de suite de comprendre que la confiance implique des compétences, des pratiques, des attitudes… différentes mais complémentaires. Le manager par la confiance doit pouvoir cocher à ces trois dimensions, selon nous. Alors que sont ces trois niveaux ?

INSPIRER CONFIANCE : LE SYNDROME DE KAA

Inspirer confiance, c'est projeter dans l'esprit de nos proches un sentiment de confiance. C'est le niveau le plus étudié par tous les livres de management, en général autour des trois vertus théologales évoquées plus haut. Le manager qui inspire confiance est celui qui accepte la vulnérabilité, qui construit une promesse qu'il tient et qui espère. Nous reviendrons dans les fiches pratiques sur des exemples et des méthodes pour stimuler cette confiance.

Mais la floraison de ces livres sur ce sujet traduit selon nous un constat plutôt peu rassurant et que nous qualifions de *syndrome de Kaa*. Kaa, du moins dans la version cinématographique de Walt Disney, est le serpent dans *Le Livre de la jungle* et sa caractéristique principale est de répéter sans arrêt : « Faites-moi confiance, faites-moi confiance » pour hypnotiser ses proies et les capturer. Il nous semble que beaucoup de managers se comportent aujourd'hui presque comme Kaa : ils en appellent sans arrêt à la confiance. « Faites-moi confiance », répètent-ils. Cette invocation traduit plusieurs choses : d'une part, qu'ils n'inspirent pas vraiment confiance. En effet, s'ils en sont à réclamer cette confiance, c'est qu'elle n'existe pas vraiment. Le syndrome de Kaa, c'est donc avant tout le constat d'une fragilisation de la confiance que nous avons dans nos managers. Ce postulat est au cœur de notre livre : la confiance dans les managers se fragilise au moment même où l'on sait que le management devrait reposer davantage sur cette dernière. Les managers en sont alors réduits à quémander la confiance, à répéter comme Kaa : « Faites-moi confiance ». Mais cette invocation constante, et c'est le deuxième aspect du syndrome de Kaa, a une conséquence imprévue tragique : au même titre que l'on sent bien que Kaa en appelle à notre confiance pour nous dévorer, les collaborateurs commencent souvent à se demander si sous la demande constante de confiance des managers, il n'y aurait pas un loup. Autrement dit, un manager qui invoque si souvent la confiance a vraisemblablement un agenda secret. Plus les managers invoqueraient la confiance, moins on devrait leur faire confiance. C'est toute la tragicomédie du syndrome de Kaa : plus les managers cherchent à inspirer confiance et moins on leur fait confiance. Nous essayons dans ce livre de sortir de ce syndrome et de nous débarrasser des managers trop inspirés par Kaa !

FAIRE CONFIANCE

Faire confiance, et donc accepter de se rendre dépendant et vulnérable, n'est pas simple. C'est aussi un tabou. Les managers disent tous faire confiance. Et pourtant, à y regarder de plus près, la multiplication des reportings, des réunions « pour faire le point », mais aussi le nombre élevé des dirigeants que nous avons interviewés qui ont déclaré que leur première action a été de renouveler tout leur comité exécutif, montrent bien que la confiance n'est pas la norme. On pourrait essayer de trouver les origines anthropologiques de ce manque de confiance. On peut simplement faire référence à la célèbre théorie de l'agence, si utilisée pour modéliser les comportements au sein de l'entreprise.

Cette théorie, en partie formalisée par Jensen et Meckling dès 1976[1], postule que celui qui demande quelque chose (cette théorie le qualifie de « Principal ») à un agent doit supposer que l'agent cherchera toujours à minimiser son effort et à trouver tous les moyens d'optimiser sa rémunération, ses bénéfices… Nous avons, selon cette théorie, tous des comportements égoïstes et opportunistes. Le Principal, par exemple le manager, doit donc se prémunir contre ces comportements et la meilleure solution est souvent le contrôle formel à travers la mesure, le contrôle… Donc de ne pas faire confiance. Et le pire est que, souvent, si un agent a plutôt une tendance altruiste, le fait de voir qu'il est contrôlé sans arrêt, l'amène à se dire que : « Puisqu'on ne me fait pas confiance, je vais me comporter égoïstement. » Il y a donc un cercle vicieux de la méfiance : plus on se méfie, plus on contrôle et plus on contrôle, plus on engendre des comportements opportunistes. Ce qui entraîne davantage de méfiance. Ce cercle vicieux tournant à plein depuis une centaine d'années de diffusion des systèmes de contrôle, on peut en déduire le niveau de la confiance par rapport à celui de la méfiance.

Faire confiance devient, hélas, l'exception et la méfiance, la norme. Il nous faut donc rompre le cercle vicieux de la méfiance et faire le pari de la confiance.

ÊTRE CONFIANT EN SOI

Un troisième niveau est essentiel : celui de la confiance en soi. C'est une perspective moins interpersonnelle (mais pas

---

1. JENSEN, M.et MECKLING, W., « Theory of the Firm: Managerial Behavior, Agency Costs and Ownership Structure », *Journal of Financial Economics*, 3 octobre 1976(4), p. 305-360.

totalement individuelle) que les niveaux de l'inspiration de la confiance et de l'acte de faire confiance. Cependant, c'est peut-être le cœur de ces deux autres niveaux.

Pour faire confiance, on l'a vu, il faut accepter de se mettre en situation de dépendance et de vulnérabilité. Cela suppose d'accepter de vivre en situation de fragilité. Ce qu'un de nos interviewés appelle « se mettre en déséquilibre ». Ce n'est ni agréable ni facile, on le sait tous. Et donc on voit en quoi le fait de faire confiance repose sur le fait d'avoir suffisamment d'étayage personnel, de ressources psychologiques pour vivre ce « déséquilibre » de manière supportable. C'est en cela que l'on peut parler de confiance en soi au service de l'acte de faire confiance. Il faut avoir un minimum confiance en soi pour oser se mettre en situation de dépendance.

Et parallèlement, pour inspirer confiance, il faut pouvoir proposer une promesse crédible, un projet de futur, une idée qui embarque les collaborateurs. Il y a dans l'inspiration de la confiance un appel à l'audace quel que soit le niveau hiérarchique. Pour que les gens fassent confiance au manager, celui-ci doit promettre quelque chose de positif et s'engager. Là encore, cela suppose une bonne dose de confiance en soi.

La question devient alors celle des sources de la confiance en soi ou de ce que P. Ricœur appelle le « sentiment de capacité[1] ». Nous reviendrons sur cela dans la partie fiches pratiques et dans celle dédiée aux interviews.

Le point essentiel est que la question du management par la confiance passe par un travail personnel de chaque manager sur sa propre confiance en soi.

____

1. RICŒUR, P., *Parcours de la reconnaissance (trois études)*, Stock, 2004.

Chapitre 4

Les sept rôles de la confiance

La confiance est, on l'a vu, un concept multidimensionnel et qui se mobilise dans différentes directions : vers les autres (faire confiance), depuis les autres (inspirer confiance) et envers soi (avoir confiance en soi). C'est donc quelque chose de complexe à mettre en œuvre. Alors il faudrait être certain que cela en vaut la peine. Cyniquement, pourquoi en appeler à la confiance quand on pourrait en fait se replier sur un management par le contrôle ? Au fait, pourquoi essayer de construire un management par la confiance ?

Frédérique Six[1], professeure à l'Insead, a passé de longues années à compiler les rôles de la confiance et en a dressé une liste que nous adaptons ici. Voici donc les sept grandes raisons de se fonder sur la confiance :
- faire face à l'ambiguïté, la complexité et l'incertitude,
- favoriser la prise de risque,
- augmenter la capacité de changement,
- aider à l'apprentissage et à l'innovation,
- faciliter la coopération,
- faciliter la gouvernance,
- incarner une valeur intrinsèque (morale).

---

1. Nooteboom, B. et Six F.E. (éd.), *The Trust Process, Empirical Studies of the Determinants and the Process of Trust Development*, Edward Elgar, 2003.

Faire face à l'ambiguïté, la complexité et l'incertitude

Le premier rôle de la confiance est de créer des conditions psychologiques plus confortables pour faire face à un monde particulièrement anxiogène. L'imprédictibilité, l'incertitude et l'ambiguïté semblent s'accroître toujours davantage. Certaines crises majeures viennent d'ailleurs accentuer le sentiment que tout peut même s'effondrer. Bien évidemment, ce sentiment est peut-être exagéré par rapport à une réalité moins radicalement erratique, mais on comprend que les personnes puissent ressentir une anxiété concernant leur vie personnelle et leur vie professionnelle, entraînant une difficulté à s'engager de manière active dans ce monde. La confiance, c'est ce qui rend cela supportable. C'est ce que les Grecs appelaient la « fonction ataraxique » de la confiance.

Favoriser la prise de risque

Mais il ne s'agit pas seulement de rassurer. Il faut aussi entraîner les décisions et les actions. Comment susciter la prise de risque quand chacun perçoit qu'il est un peu « débordé » par la complexité de ce monde, que le risque est partout et que chacun d'entre nous doit donc se confronter à des choses qui le dépassent toujours un peu ? C'est là le second rôle de la confiance : celui de nous mettre en situation d'oser. C'est le rôle le plus connu, mais pas forcément le plus simple à mettre en place, on le verra plus loin !

Augmenter la capacité de changement

On constate que le changement suscite souvent des réactions négatives. La recherche a montré que cette résistance au changement ne peut s'expliquer par une prétendue aversion naturelle au changement, selon laquelle les gens n'aimeraient pas, par nature, le changement. On sait en particulier que la simple adjonction du mot « nouveau » en marketing a un effet de stimulation des ventes.

Ce n'est pas la nouveauté qui fait peur en soi mais ce que le sociologue R. Boudon, en particulier, a qualifié d'« anomie[1] ». L'anomie, c'est l'absence ou la contradiction de règles. Le changement implique que l'on sait ce que l'on perd (et en particulier comment on va travailler et comment on va être évalué) mais pas encore ce vers quoi on va arriver. Donc on doit changer sans savoir si ce sera pour le mieux. C'est la dimension anomique du changement qui engendre un état psychologique d'anxiété qui bloque les personnes et explique leur résistance au changement. Cette dernière est par conséquent davantage rationnelle que « naturelle ». On ne voit pas de bonne raison d'aller s'exposer à une nouvelle situation sans connaître les règles qui la structureront. C'est là que la confiance entre en jeu. Encore une fois, si l'on croit que la résistance au changement est « naturelle », la confiance ne peut rien faire. Par contre, si l'on suit Boudon et que l'on croit que cette résistance s'explique rationnellement par la crainte de se voir appliquer des règles moins favorables après le changement, on résiste.

La seule manière de s'en sortir, sachant que précisément le changement fait que l'on ne peut pas *a priori* déterminer

---

1. BOUDON R., « Anomie », *Encyclopædia Universalis* [en ligne], consulté le 29 mai 2020, http://www.universalis.fr/encyclopedie/anomie/

ce que sera l'état futur, c'est d'avoir confiance dans l'organisation, le chef, les collaborateurs… et de pouvoir croire que quel que soit l'état futur de l'organisation, tout le monde fera au mieux pour que les intérêts de tous soient respectés. Dès lors, on peut s'engager en confiance !

AIDER À L'APPRENTISSAGE ET À L'INNOVATION

La confiance est aussi un levier d'apprentissage et d'innovation. Nous savons tous que ces deux facteurs dépendent profondément de l'erreur, de l'échec et de la fragilité. Pour apprendre ou innover, il faut accepter que la situation actuelle (ma performance, l'organisation actuelle, etc.) ne soit pas satisfaisante ou suffisante. C'est facile à écrire, mais pas facile à mettre en pratique.

Les recherches sur le management de la performance montrent à quel point nous avons tous la tentation de trouver des excuses à nos sous-performances : c'est la faute de l'environnement, de l'inflation, d'un événement imprévu, de la production qui n'a pas livré à temps, du client qui n'a pas compris… Et notre monde managérial, multicausal, se prête très bien à ces phénomènes que l'on appelle les « attributions externes de causalité ». Alors pourquoi fait-on cela ? Évidemment, parce que l'on n'est pas tout à fait certain que s'avouer sous-performant sera si bien accueilli que cela malgré tous les discours sur le droit à l'erreur. On voit donc que la seule manière de déclencher cette sincérité dans le rapport à la faiblesse et la sous-performance, c'est d'avoir confiance et c'est ainsi que la confiance devient la clé de l'apprentissage et de l'innovation.

FACILITER LA COOPÉRATION

On connaît la fameuse citation de Sartre selon laquelle « l'enfer, c'est les autres[1] ». Cela nous rappelle que le monde de l'entreprise est un monde dans lequel les relations sociales ne sont pas exemptes d'opportunismes et d'égoïsmes et que ceux-ci peuvent même être exacerbés par les systèmes managériaux qui mettent souvent en compétition les personnes. Le fameux benchmark interne ! Les ressources sont rares, les promotions aussi… Comment s'assurer alors de la coopération dans ces conditions ?

Là encore, on constate que la confiance permet aux personnes de s'engager dans une relation de coopération de manière moins appréhensive. Par exemple, je veux bien partager mes *best practices* si je crois que mes collègues ne se les approprieront pas aux yeux de notre manager. Plus fondamentalement encore, la performance collective est souvent issue de petits compromis, d'une cuisine que l'on souhaite souvent garder entre nous sans par exemple que le client ou le manager soient totalement au courant de cela. Cette intimité managériale repose sur le fait que l'on se fait confiance entre nous. C'est en cela que la confiance devient le ciment et le facilitateur de coopérations rendues difficiles par la généralisation de l'individualisation de la mesure de performance et la pression des ressources limitées.

FACILITER LA GOUVERNANCE

On retrouve ici un des apports les plus connus de la confiance. Faire confiance est une manière alternative et

---

1. SARTRE J.-P., *Huis clos,* Folio, 2017 (éd. originale : 1944).

vraisemblablement très positive de substituer au management par le contrôle, un management plus autonomisant. C'est le thème en particulier de l'abondante littérature autour du concept d'« entreprise libérée » cher à Isaac Getz qui en est l'ambassadeur dans le monde francophone. Une autre manière de le dire est que grâce à la confiance, on diminue les coûts de transaction engendrés par les besoins de contrôle : on a moins besoin de contrôler, donc cela coûte moins cher en temps et en argent. Et c'est vrai : moins de réunions de reporting, moins d'e-mails d'explications à lire, moins de dossiers de demandes d'autorisation, moins de strates hiérarchiques… Bien évidemment, la gouvernance ne se conçoit pas que sur la confiance : le contrôle continuera à exister, ne serait-ce que pour des impératifs de conformité – par exemple à des règles sanitaires ou prudentielles. Il y aura toujours un rapport dialectique entre contrôle et confiance mais faire confiance, c'est donc engendrer une gouvernance plus légère, plus fluide avec deux avantages principaux : une économie des moyens de contrôle et un accroissement de l'autonomie et de la motivation des personnes.

Incarner une valeur intrinsèque (morale) de la confiance

Les six premiers rôles peuvent être qualifiés d'instrumentaux : la confiance doit servir la performance managériale. Il y a cependant une autre fonction de la confiance, celle de constituer une valeur qui oriente le management. Pourquoi faire confiance ? Parce que c'est « bien » de faire cela. Au même titre que beaucoup de managers structurent le comportement autour de valeurs comme l'honnêteté, le sens du travail bien fait, la solidarité envers les plus faibles, etc., le management peut trouver dans la confiance un critère moral particulièrement fort. On peut bien évidemment ironiser sur les discours managériaux consacrés aux valeurs. Il est certain que certains sonnent bien creux. Mais on peut aussi considérer les valeurs comme des sortes de positions de principe qui doivent, à tout moment, nous permettre de prendre de la distance sur nos comportements et nos choix, et de les évaluer : finalement, quand j'hésite entre telle ou telle décision, ne devrais-je pas toujours privilégier celle qui se fonde sur la confiance ? En posant la confiance comme valeur morale de son entreprise ou de son comportement managérial, on s'inscrit donc dans une démarche de responsabilité et de sens qui contribue grandement à l'engagement de chacun.

Chapitre 5

Les cinq critères qui maximisent l'impact de la confiance

Les sept rôles de la confiance sont universels. Le propos de ce livre est précisément de soutenir qu'il faut renforcer la confiance partout.

Mais certaines conditions rendent encore plus pertinent le recours au management par la confiance plutôt que, par exemple, le management par le contrôle. Ces conditions engendreraient une sorte d'effet de levier, une maximisation de l'impact de la confiance. Nous avons retenu cinq critères essentiels qui peuvent justement vous aider à déterminer si votre entreprise gagnerait vraiment à s'engager sur une telle démarche. Voici même une petite check-list : si votre entreprise est fortement engagée sur ces critères, la confiance est une valeur en hausse pour vous !

La checklist de la confiance : autoévaluez votre besoin de confiance

	Faible	Fort
VICA et prescription des tâches		
Place de l'informel et crise du contrôle et des indicateurs		
Management à distance		
Approche orientée client		
Crise du business model		

L'ENVIRONNEMENT VICA ET LE CARACTÈRE FAIBLEMENT PRESCRIPTIBLE DES TÂCHES

Nous connaissons tous l'acronyme VICA (qui signifie, pour désigner un environnement : volatil, incertain, complexe et ambigu). Or, on a vu précédemment le rôle essentiel de la confiance face à l'ambiguïté, la complexité, etc. Par conséquent, plus votre entreprise opère dans un environnement VICA, plus elle sera sensible à un management par la confiance. Or, il y a des entreprises dont le degré de VICA est faible. Cela ne veut pas dire que leur activité est difficile : trouver des clients est toujours dur, gérer des hommes toujours complexes. Mais le processus de production peut être assez stable malgré d'éternelles pannes, par exemple. Cela veut dire que dans ce type d'entreprise, ce qui va être visé, c'est davantage l'excellence et l'efficience que l'innovation radicale – le changement permanent, par exemple. On comprend alors qu'un management par la confiance n'aura pas le même effet de levier que dans une entreprise purement créative. Cela peut aussi se discuter au sein de l'organisation : certaines tâches sont davantage VICA que d'autres : la gestion de la facturation est plus « processualisable », si l'on peut dire, que la gestion de la R&D. Par conséquent le management par la confiance aura vraisemblablement un impact plus fort dans la seconde que dans la première. Une autre manière de se poser cette question est de se demander si les tâches sont aisément prescriptibles. Si ce n'est pas le cas, alors mobilisez la confiance !

LA PLACE DE L'INFORMEL ET LA CRISE
DU CONTRÔLE ET DES INDICATEURS

Si, dans votre entreprise, les indicateurs de suivi sont constamment remis en question, c'est vraisemblablement que l'activité des personnes peine à être pleinement représentée par ces métriques. C'est là que l'on a davantage besoin de la confiance. Il est évident que nous avons besoin d'indicateurs, mais quand il y a un ressenti fort contre ces indicateurs, c'est souvent le signe que la nature du travail réalisé dépasse leur quantification. Comment en effet mesurer la qualité de la relation client ? Ou du climat social dans les équipes ? On voit bien avec ces exemples, que la performance du manager concerné est essentielle, mais qu'elle se mesure mal.

Cela apparaît en particulier quand votre organisation repose fortement sur la qualité des relations sociales entre les collaborateurs et sur l'expertise intellectuelle. En effet, les relations sociales engendrent un accroissement de la dimension informelle (la machine à café, l'humour, les discussions de couloir…). Cela constitue l'huile des relations sociales mais, en même temps, est souvent soit déconsidéré par les métriques classiques qui ne le représentent que comme du temps improductif ou perdu, soit est complètement ignoré par ces mesures.

Parallèlement, si votre activité repose sur des experts du type juristes, consultants, conseillers, l'expérience montre qu'il est très compliqué de mesurer la performance de ces derniers. Ceux-ci d'ailleurs réagissent en protestant, arguant qu'il est impossible de mettre en standard leur activité. Elle dépend de la variété des clients, des cas… Et cette position est tout à fait légitime. Mais elle suppose alors, de la part du manager, un rapport différent pour évaluer la performance de ces experts et pour les piloter puisqu'il ne peut s'appuyer sur les indicateurs classiques.

C'est donc un autre indice qui peut vous permettre de comprendre si vous pouvez faire une différence avec davantage de confiance : plus les indicateurs sont contestés, plus cela veut dire que le management par la confiance sera pertinent.

LE MANAGEMENT À DISTANCE

Un autre repère vous permettant d'anticiper un impact maximisé d'un management par la confiance est la diffusion du management et du travail à distance. Les travaux d'Emmanuelle Léon sur le travail à distance montrent en particulier comment le télétravail, par exemple, crée des situations d'anxiété pour le manager et son collaborateur. Anxiété liée à l'absence de supervision directe pour le manager et d'isolement, voire d'abandon pour le collaborateur. Cependant, la distance ne se matérialise pas que dans le télétravail mais aussi dans l'élargissement des râteaux hiérarchiques qui rend difficiles les interactions avec son chef ou encore l'internationalisation des chaînes de production. Ce qui est dangereux, c'est que même si les travaux académiques montrent le besoin accru de confiance dans ces situations de distance, le réflexe est souvent de renforcer le contrôle en multipliant les reportings et les points de rendez-vous, pensés davantage comme des instances de contrôle que comme des moments d'interaction. Plus votre organisation est basée sur la distance, plus le management par la confiance sera efficace.

Approche orientée client

Les entreprises, schématiquement, peuvent être orientées produit/service ou client. Cela ne veut pas dire que les premières ne se préoccupent pas du client, mais qu'elles sont construites en vue de l'optimisation de la production et de la commercialisation de leurs produits ou services. Les approches orientées client impliquent un positionnement sur les problèmes des clients et la construction de solutions adaptées (d'où d'ailleurs le terme alternatif d'« approche solution »). Ainsi, Coca-Cola est une entreprise orientée produit et un cabinet de conseil en organisation comme Accenture est une entreprise orientée client. Cette distinction est souvent un peu caricaturale, mais elle permet de comprendre en quoi la confiance est souvent plus pertinente dans certains secteurs. L'approche client suppose que le fournisseur, par exemple le cabinet de conseil, coconstruise avec le client à la fois le diagnostic et la solution. Dans le cas du cabinet de conseil, cela se fait même au sein de l'entreprise cliente elle-même. Cela amène le cabinet à devoir imaginer des nouvelles solutions, quelquefois à trouver d'autres partenaires, à changer son mode de facturation, à transformer sa manière de travailler… Alors que l'approche produit nécessite moins cette adaptation continue du cycle de production et du produit final (même si bien sûr, il y a de l'adaptation marginale et incrémentale). Or, l'équipe de consultants doit donc prendre des microdécisions et être imaginative tout en essayant de respecter les intentions stratégiques et les objectifs financiers du cabinet et cela en temps réel, sans pouvoir en référer à la hiérarchie. Cela suppose de la part des membres de l'équipe un assez haut niveau de confiance en eux-mêmes (pour faire face à la nécessaire incertitude de la cocréation du service avec le client), mais aussi une confiance élevée dans l'équipe par la hiérarchie. C'est en cela que l'on comprend pourquoi la confiance a un effet accru dans les organisations qui font le choix de l'approche client.

CRISE DU BUSINESS MODEL

Le dernier critère que nous vous suggérons pour évaluer si la confiance va avoir un effet optimal dans votre organisation est bien évidemment celui de la crise. Si vous estimez que votre entreprise est en crise (crise du business model, mais aussi crise financière, crise « extérieure » comme une pandémie, une récession…), alors on constate un double accroissement du besoin de confiance. La crise renforce l'anxiété des collaborateurs et nécessite un renouvellement du business model, ce qui pose les problèmes de résistance face au changement et de l'anomie correspondante (voir plus haut).

De manière très abrupte, plus vous êtes en crise, plus vous aurez intérêt à stimuler un management par la confiance. Toute la difficulté est que la crise engendre plutôt des comportements crispés sur le contrôle : multiplication des reportings et des suivis, renforcement des règles de compliance en cas de crise sanitaire par exemple, etc.

La confiance, bien comprise et prise dans toutes ses dimensions (inspirer confiance, faire confiance et avoir confiance en soi), peut être le moteur d'une création de valeur et d'un management renouvelé. Il convient donc d'essayer de comprendre comment l'engendrer, la sécuriser et de la développer. Nous y reviendrons dans les fiches pratiques. Mais il faut d'abord éviter de la détruire en l'écrasant sous le poids de la méfiance. Et bizarrement, les organisations semblent beaucoup plus avancées dans la technique de la méfiance que dans celle de la confiance. Prenons donc le temps, maintenant, de comprendre ce qui fragilise la confiance.

Partie 2

Qu'est-ce qui détruit la confiance ?

Si la confiance se construit lentement, elle se détruit très rapidement dans l'entreprise, comme le soulignent de nombreux observateurs qui, à l'instar du dirigeant indien Vineet Nayar[1], considèrent que ce capital est fragile et qu'il convient de le renforcer par des pratiques managériales s'appuyant notamment sur la transparence des décisions et des actions. Dans une perspective similaire, le DG de la MAIF Pascal Demurger affirme[2] que la confiance n'est pas un mode de fonctionnement spontané des entreprises et que les grandes organisations,

---

1. NAYAR, V., *Employés d'abord, Clients ensuite*, Diateino, 2018, 2ᵉ éd.
2. DEMURGER, P., *L'entreprise du XXIᵉ siècle sera politique ou ne sera plus*, Éditions de l'Aube, 2019, p. 130.

en particulier, se sont structurées pour se passer de la confiance en s'appuyant sur la chaîne hiérarchique et les processus de contrôle. La confiance est donc soumise à un certain nombre de facteurs qui sont susceptibles de la réduire, voire de la détruire : 1) l'absence de raison d'être et de vision, 2) la course effrénée au changement, 3) le sentiment personnel d'incapacité et le manque de considération, 4) l'écart entre le discours et les actes, 5) le lien dégradé avec l'entreprise, et 6) le déséquilibre croissant entre contrôle et autonomie. Nous allons analyser dans cette partie chacun de ces facteurs en nous appuyant sur un certain nombre de témoignages, reproduits sous la forme de verbatims, de collaborateurs appartenant à des entreprises de tailles et de secteurs très différents.

Chapitre 6

L'absence de raison d'être et de vision de l'entreprise

Parmi les facteurs importants qui sont susceptibles d'avoir un effet délétère sur la confiance, l'absence de raison d'être et de vision est sans nul doute l'un des premiers mis en avant par des collaborateurs, identifiés comme « désengagés ou activement désengagés », lorsqu'ils affirment avoir perdu confiance dans leur entreprise et leur management.

L'ABSENCE DE RAISON D'ÊTRE

L'une des premières causes de destruction de la confiance est la difficulté, voire l'impossibilité pour les personnes de répondre à la question simple suivante : « Pourquoi je viens travailler ? » L'intérêt récent pour le concept de raison d'être semble être une réponse à cette question cruciale suite aux travaux d'une équipe de chercheurs de l'École des Mines de Paris sur la SOSE (société à objet social étendu)[1] en 2015 dont s'est largement inspiré le rapport Notat-Sénard[2], publié

> 66 Perception néfaste n° 1 : Je ne sais pas pourquoi je viens travailler.

---

1. SEGRESTIN, B., LEVILLAIN, K., VERNAC, S. & HATCHUEL, A., « La société à objet social étendu », Presses des Mines, coll. « Économie et Gestion », 2015.
2. NOTAT, N. & SÉNARD J.-D., *L'entreprise, objet d'intérêt collectif*, Rapport aux ministres de la Transition écologique et solidaire, de la Justice, de l'Économie et des Finances, du Travail, 2018.

en mars 2018, et l'application de certaines dispositions de la loi Pacte votée en avril 2019. Or, l'absence d'une raison d'être clairement affichée semble expliquer, du moins en partie, l'absence de confiance dans l'entreprise.

C'est ainsi que dans une grande entreprise de services, les collaborateurs assuraient, avant un changement d'organisation, un périmètre de tâches plus large et plus varié, orienté sur la résolution du problème client, sans perception de limite dans l'action, selon une valeur centrale de service, de proposition utile, d'« organisation citoyenne », de « jusqu'au-boutisme » pour le client comme le souligne cet employé :

« Avant, on ne se posait pas la question de jusqu'où on pouvait aider les personnes, on était plus dans l'inconditionnel, le généreux, le donnant-donnant. L'acteur pouvait creuser pour solutionner. Aujourd'hui, on nous demande de renvoyer vers un canal ou un autre. »

Un manager corrobore :

« Il y a une vision idéologique et une nostalgie du service d'avant, et l'inquiétude de perte de la valeur de service. »

Dans un certain nombre d'entreprises, nous observons que les collaborateurs ont le sentiment appuyé que leur entreprise n'a pas réellement de raison d'être autre qu'un objectif purement économique avec le déploiement d'un management qui n'est pas là pour « faire avec » les collaborateurs, ni pour faire confiance, mais pour faire des « briefs », purement orientés production et vente, et pour contrôler des chiffres en permanence, comme l'indique ce manager de proximité dans une grosse PME industrielle du sud de la France :

« On reproche aux gens de bien faire, trop bien faire, de vouloir servir le client à 100 %. Le client d'abord est une nécessité vitale

ici. L'exigence de rentabilité est antinomique avec celle de qualité de service. Les chefs d'équipe sont observés par le national selon leurs feuilles de statistiques. L'encadrement intermédiaire est en porte-à-faux avec la réalité terrain. Les managers ont une feuille de route "économique". »

Par ailleurs, la « découpe » de l'organisation et le déploiement d'objectifs individualisés et quantitatifs sans justification claire par rapport à la mission de l'entreprise peuvent laisser percevoir aux collaborateurs des désalignements, des ruptures ou des craintes de rupture comme l'exprime cette responsable opérationnelle d'une entreprise de distribution :

« *Il y a un problème d'objectifs solidaires entre les services. On dit qu'on est en harmonisation globale, mais les procédures sont différentes. On se heurte entre collègues alors que ce n'est pas dans notre tempérament. Je suis fatiguée, blasée.* »

En définitive, la difficulté pour les entreprises de répondre à la question de leurs collaborateurs sur le sens de leur travail et d'exprimer clairement le pourquoi de l'entreprise, sa finalité ou raison d'être, est un facteur franc de destruction de confiance pour les collaborateurs.

L'ABSENCE DE VISION : INCERTITUDE SUR LE CHEMIN À SUIVRE POUR RÉUSSIR ENSEMBLE

Un autre facteur inhibiteur de la confiance est, après la question du pourquoi, celui de l'absence de vision sur le devenir de l'entreprise : le « vers quoi ». Depuis plus d'un demi-siècle, les théories des organisations[1] insistent sur la nécessité pour les dirigeants de définir une vision claire donnant un cadre que les collaborateurs puissent s'approprier, surtout dans les situations de transformation importante. Rien n'est plus dommageable au développement de la confiance que d'avoir le sentiment que l'entreprise « bricole », ne sait pas clairement où elle va comme le souligne ce responsable opérationnel dans une filiale d'une grande entreprise de services :

« À tous les échelons, c'est du bricolage. Quand la vente commence, c'est le début des emmerdes. Rien n'est fluide, réfléchi. En matière de process, c'est une entreprise qui a toujours fonctionné sur une obligation de moyens, pas de résultats. »

Ce bricolage est d'autant plus mal ressenti que les collaborateurs ont la perception que leurs managers ne s'approprient pas les orientations stratégiques de l'entreprise, lorsqu'elles existent. C'est l'un des syndromes les plus courants des errements de la planification stratégique mis en évidence dans un ouvrage remarqué par sa lucidité[2]. Comment dans ces conditions peut-on avoir confiance lorsqu'on observe que même son supérieur n'y croit pas – comme l'expriment ces deux témoignages de responsables terrain :

« La stratégie de l'entreprise est difficilement formulable. Une stratégie doit être portée, on doit comprendre son cheminement intellectuel, où on va et pourquoi. »

---

1. ROJOT, J., *Théorie des organisations*, Éditions Eska, 2005, 2ᵉ éd.
   PLANE, J.-M., *Management des organisations*, Dunod, coll. « Topos », 2017, 5ᵉ éd.
2. MINTZBERG, H., *Grandeur et décadence de la planification stratégique*, Dunod, 2004.

« Les managers ont du mal à avoir une vision stratégique, il faut le dire. »

Par ailleurs, lorsque l'articulation entre la vision « macro » (vision stratégique, vision établissement), lorsqu'elle existe, et l'approche transversale sur le terrain n'est pas développée ou opérante, notamment par manque d'information et d'outils, les collaborateurs expriment un manque croissant d'intérêt pour la mise en œuvre d'un projet, comme le souligne ce manager d'un dépôt industriel :

« Le travail se fait en cheminée, la vision globale est difficile à apporter. Chacun s'intéresse exclusivement à son métier. On a un projet d'entité sur tous les dépôts mais ici, la concrétisation est faible. Il faudrait qu'on relance. »

En synthèse de témoignages recueillis, ce qui nous semble particulièrement nuisible au développement de la confiance dans l'entreprise est la grande incertitude qui règne dans les perceptions des collaborateurs sur le chemin que prend leur entreprise sous la conduite de dirigeants qui ne sont à leurs yeux que des managers et certainement pas des leaders comme le mettent en évidence depuis plusieurs décennies de nombreux travaux sur la différence entre leaders et managers : aux premiers la vision, aux seconds l'exécution.

Chapitre 7

Le changement « pour le changement » : une marche effrénée

Dans cette quête de la confiance, les dirigeants, et plus généralement les managers, sont soumis aux pressions d'un environnement de plus en plus incertain, comme le montre la pandémie du coronavirus de 2020, les conduisant à prendre des décisions et à mettre en œuvre des actions susceptibles de réduire, voire de détruire une confiance souvent difficile à construire.

LE CHANGEMENT ÉRIGÉ EN « DOGME » DANS L'ENTREPRISE

❝ Perception néfaste n° 3 : Les changements sont incessants et trop nombreux.

Si le changement n'est pas rejeté, c'est le rapport au changement continu, portant en simultané sur de multiples dimensions, qui engendre une fluctuation de la confiance au sein des équipes de l'entreprise.

Le changement permanent engendre un sentiment de non-direction combiné à une non-considération des implications réelles à l'échelle des équipes, ce qui accroît la méfiance envers le siège et le management, comme le souligne ce manager opérationnel :

« On veut faire trop de transformations en même temps : transformation industrielle, transformation orientée client, proposition de nouveaux services aux clients et transformation managériale. »

Les changements trop nombreux, trop rapprochés, de multiples natures surchargent et saturent les organisations en place, souvent sans laisser de temps de « régénération » aux collaborateurs et aux lignes managériales.

La culture de l'innovation, du « sois rapide » et du « sois le premier » n'est pas sans impacts sur la perception qu'ont les collaborateurs du rythme et du volume de travail et entrent en orthogonalité avec la perception des outils organisationnels et sociaux nécessaires pour « bien faire ». Ce focus se retrouve notamment dans les entreprises de culture « business & *operation-driven* » comme l'expriment ces deux collaborateurs :

« Mon entreprise évolue à un rythme effréné (en raison des volumes du e-commerce), on ne se laisse pas le temps de penser aux basiques, de prendre du recul sur les prises de décisions, et à partir des analyses des collaborateurs. »

« On est dans la gestion de précision, c'est très bien, mais on a trop d'e-mails et de nouveaux produits. »

Une organisation pilotée par le mode projet tous azimuts est perçue par ses collaborateurs comme une entreprise qui exprime non pas une stratégie, mais de simples objectifs « tactiques ». Selon cette approche vécue comme opportuniste, l'organisation opérationnelle doit se repenser et « pivoter » en permanence sans que les organisations productives ne soient préalablement conçues pour cela, au-delà d'une simple question humaine de souplesse ou d'agilité, tenant à l'expérience du changement. Les équipes témoignent de devoir « raccrocher les wagons », la production suivant et subissant le dynamisme d'innovation de l'entreprise et son intensité marketing et commerciale.

« La direction agit comme des cow-boys, des mercenaires. On propose de l'international, alors qu'il n'y a pas d'organisation ni de process derrière. »

Ce phénomène se trouve encore accentué ou exacerbé :
- dans des organisations aux nombreux niveaux managériaux ou hiérarchiques et très « capillaires » c'est-à-dire avec de multiples points de présence dans les territoires géographiques (dans les régions françaises, sur de multiples pays du monde) ;
- *a fortiori* pour les organisations avec une représentation syndicale forte et multisyndicats ;
- dans les entreprises dont la focalisation principale est la production des engagements et des opérations liés aux contrats business ;
- dans des entreprises au style « bureaucratique », au sein desquelles les décisions sont prises au plus haut niveau, par le siège et tombent « en cheminée » au niveau du terrain. Ce principe vécu et relaté de changements ou projets qui tombent en cheminée traduit que les changements se lancent « de haut en bas », en silos, en simultané, sans synchronisation entre les projets et sans rationalisation.

En conséquence, les managers « de la dernière maille » géographique voient « tomber dans leur panier » de trop nombreuses réorganisations ou changements à répercuter, se superposant, et pouvant être contradictoires avec les éléments en place ou la réalité de ce qui se vit et se passe sur le terrain, au contact des clients ou sur les chaînes opérationnelles…

LA QUESTION DU SENS DU CHANGEMENT

Il est régulièrement restitué que le sens du changement n'est pas connu, compris ou encore bien approprié par les collaborateurs. Cela est

f Perception néfaste n° 4 : Le changement n'a pas de sens.

d'autant plus vrai pour les changements qui ne sont pas « coconstruits » avec les collaborateurs dans un mode agile, ou encore dans des contextes de changements nombreux et de nature multiple en simultané.

Aussi est-il difficile pour les collaborateurs d'y souscrire, d'être enthousiastes au sujet de la valeur ajoutée, des bénéfices du changement. Ils n'éprouvent en conséquence ni une pleine confiance, ni un sentiment de capacité, de savoir-faire ou de bien faire, comme le souligne cet employé dans un entrepôt industriel :

« Il faut faire des briefs (principe du Lean management qui s'est déployé dans l'entreprise). C'est une "figure imposée". Je n'en comprends pas le sens et les équipes non plus. Il faut toujours tout observer sur le terrain en plus du travail, noter partout, formaliser, afficher sur les tableaux. Je le fais parce qu'on me le demande mais j'ai du mal à accrocher. »

Dans des contextes tendus, les chaînes managériales manquent en effet souvent :

- de temps dans des organisations saturées de travail ou de changements, alors que les objectifs et attentes de résultats génèrent toujours autant de pression et n'ont pas nécessairement été adaptés pendant le temps de la « transformation » décidée ;
- de transparence envers leurs équipes de manière récurrente (effet de culture et de posture managériales dans

l'entreprise ou de posture individuelle du manager) ou de manière contextuelle.

Les moyens alloués à la gestion du changement (communication, formation et accompagnement) sont perçus dans les entreprises rencontrées comme sous-évalués ou sous-alloués, d'autant que la formation peut nécessiter des « rafraîchissements » pour que le changement finisse par être effectivement approprié.

Ou encore, les éléments de communication ou de formation connaissent de la distorsion ou de l'atténuation le temps de descendre de la « chaîne de commandement », *a fortiori* si elle est longue et multiniveau…

D'autre part, s'ils ne sont pas adéquats, les éléments de langage employés peuvent être perçus comme clivants, excluants, déconsidérants, et le collaborateur se sent perdu comme ce manager opérationnel qui s'exprime ainsi :

« Avant, les chefs étaient en bas, maintenant, ils sont tous en haut, bien séparés de nous. On nous renvoie bien la différence de caste, les chefs parlent tous un langage avec plein de sigles. Même ceux qui sont montés d'un cran et travaillaient avec nous avant. On ne les reconnaît plus. Ils nous donnent l'impression de mal parler, d'être des petites gens. Nous, on a notre langage à nous. »

Un rapport au temps dégradé

Nous venons d'y faire référence, le temps accordé par l'organisation au changement est un facteur problématique pour pouvoir comprendre et intégrer le sens des choses, s'approprier le changement, et développer un sentiment de capacité dans un nouveau contexte (opérationnel, marché…). D'autant plus quand les changements sont multiples et rapprochés, et qu'il faut aller vite, lancer sans être parfois formé, ou bien préparé.

L'entreprise est vue, par un certain nombre de personnes interrogées, comme une usine à projets et changements multiples, incessants, disparates et sans cohérence entre eux, n'aboutissant pas nécessairement… voire souvent. Et en conséquence ils ne donnent pas de résultats et bénéfices visibles à ce changement, cette énergie consacrée par l'organisation. Le siège de l'entreprise, la tête pensante, trop « dynamique » en nouveautés, sature les rouages inférieurs de l'entreprise de projets, de communications et de demandes. Dans le même temps, ce qui est nouvellement créé coexiste avec les modalités gestionnaires préalables (manque de travail d'analyse et substitution).

Entre le moment où il est étudié et décidé, et celui où il est effectivement mis en œuvre dans l'entreprise, pour des raisons syndicales en particulier, le changement peut prendre trop de temps et en conséquence perdre de sa force, et de son sens.

Le temps du changement – au-delà des effets politiques ou de résistance naturelle des hommes et organisations – est dans les organisations où les syndicats sont très actifs, très contraint par le calendrier des instances sociales comme le mettent en évidence les deux témoignages suivants :

« Dans mon entreprise, il y a neuf mois de flottement pour mettre en place une organisation entre son annonce et sa réalisation. »

« Quand on fait une conduite de changement, on donne beaucoup d'informations liées au calendrier des instances sociales.

C'est un frein pour créer une dynamique. Et ça crée de l'incertitude dans les équipes. »

D'autres partagent un sentiment de lourdeur, de surformalisation dont le bien-fondé n'est pas (encore) perçu. Cette perception se cumule avec le manque de compréhension et d'appropriation du sens et du bien-fondé du changement. Par ailleurs, tous les acteurs (les « chefs » en particulier), ne semblent pas tenir leur rôle dans le nouveau processus, ce qui crée de la frustration et un épuisant sentiment de vanité :

« Maintenant c'est du flicage, il faut tout marquer. Il faut tout justifier, tout mesurer. Ça va devenir de plus en plus difficile. Par exemple, pour un service, il faut aller marquer sur un papier, puis sur l'ordi, puis imprimer une feuille puis accrocher sur le tableau. Tout ça pour des factures de quelques centimes ! »

« La résolution de problèmes induit beaucoup de réunionites imposées en plus. Je remplis des liasses de papiers, le cahier de problèmes est rempli mais en bout de chaîne, personne ne s'en occupe. On ne sait pas à quoi sert tout cela : les voitures ne sont pas plus réparées, entretenues, et les roues de chariots ne sont pas remplacées. »

« On nous en demande toujours plus, on a l'impression de remplir des cases. Et on a un chef d'équipe en moins. Je suis essoré. »

C'est ce que l'on appelle le phénomène de « surcodage du réel ». Il est surdécrit, théorisé, formalisé, dans un langage conceptuel, éloigné de la réalité opérationnelle à la portée de la vision du collaborateur impacté par le changement.

Les situations rapportées traduisent par ailleurs que le changement n'a pas été essayé et éprouvé avec attention par la chaîne d'acteurs impliquée dans le nouveau mode opératoire…

LE SYNDROME DE LA RÉUNIONITE

Au changement permanent et au temps de mobilisation des managers que cette approche représente, la « réunionite » des chefs ne permet pas aux collaborateurs de se sentir en confiance, entourés et accompagnés :

> 66 Perception néfaste n° 5 : L'inefficacité du système managérial et l'indisponibilité des managers : « la réunionite » des cadres dirigeants.

- dans la réalisation de leur mission (« faire avec » ou manager coach facilitateur) ;
- dans l'appropriation des changements décidés et communiqués, vécus ou en cours de réalisation.

Dans de très nombreuses entreprises, à toutes les strates de l'organisation, la réunion est « sacralisée » et acceptée comme un moment obligatoire de « partage de points de vue ».

Pour autant, elle devient un lieu de désengagement et peut être destructrice de confiance. Les collaborateurs se plaignent de n'avoir pas accès à leur chef qui est en permanence en réunion. Les managers se plaignent, car il leur reste peu de temps pour traiter leurs tâches au sortir des réunions. Pour la majorité, ils vivent tous la réunion comme un moment souvent peu structuré et peu efficace, gaspilleur d'énergie.

Des managers témoignent :

« Tous les lundis, on passe 3 à 4 heures en réunion sans pause le matin. Puis on enchaîne l'après-midi jusqu'à 19 h. »

« Nos réunions, il n'y a pas d'ordre du jour, pas de compte rendu. J'ai l'impression de perdre mon temps. Et les collègues font leurs e-mails. »

« Je passe deux jours sur cinq en réunion. »

Perception croisée avec celle des collaborateurs qui déplorent l'indisponibilité de leur chef pour eux individuellement et pour l'encadrement, la facilitation ou le support du travail opérationnel :

« On ne voit jamais les chefs, ils sont toujours en réunion entre eux. »

« Ils passent un temps dingue en Codir et je ne sais pas ce qu'il en sort. »

« En réunion, on traite les priorités du chef qui tombent. Jamais nos sujets, ou on fait nos bilatérales en collectif. »

Pour les entreprises décentralisées, les collaborateurs ajoutent une difficulté d'accès au support et à l'expertise du siège, ou « maîtrise d'ouvrage » de processus, démarches, modes opératoires :

« Je sais qu'on a de très bons experts au siège, mais ils sont injoignables et saturés, toujours en réunion. »

Chapitre 8

Le sentiment personnel d'incapacité et le manque de considération

Le changement continu, *a fortiori* s'il ne débouche pas ou donne l'impression de ne jamais se terminer (boucle de *closing*), engendre « un syndrome du débutant » qui nie l'expertise et la performance passées, capitalisées dans l'expérience du collaborateur, fragilisant continuellement le sentiment de capacité et la confiance en soi.

LA MAGIE DE LA VALEUR HIÉRARCHIQUE

Un certain nombre d'entreprises et de systèmes managériaux émettent encore aujourd'hui le signal que la valeur est « ascendante » : « Plus on est haut placé, plus on a de la valeur pour l'entreprise. » Dans les entreprises comme à l'armée, on commençait « en bas de l'échelle », on faisait ses preuves et on gagnait en « grade », on montait d'un cran, une fois que l'on avait « fait ses classes » et démontré sa maîtrise du poste de niveau inférieur. Aussi la valeur personnelle et professionnelle d'un collaborateur à ses yeux et ceux de l'entreprise est-elle totalement dépendante de la reconnaissance et de la mise en valeur par les managers de l'entreprise.

> 66 Perception néfaste n° 6 : Il n'y a de valeur et de légitimité que quand on est chef.

La directivité et les systèmes dits « *top down* » créent un certain nombre de méfaits. Ces systèmes émettent en haut de la hiérarchie des procédures, projets, etc. qui sont ensuite exécutés par des collaborateurs qui n'en comprennent pas le sens comme le montrait il y quelques années le sociologue François Dupuy[1]. La chaîne de commandement est de haut en bas de l'organisation.

L'index de valeur est totalement structuré autour du titre ou du niveau hiérarchique dans ces entreprises *top down*. En tant que collaborateur, pour être légitime, que sa voix soit entendue et relayée, il est indispensable dans ces systèmes qu'un manager soit impliqué et porteur, et que le collaborateur use d'attitude « politique » dans l'entreprise.

Faisons un zoom sur le cas d'une entreprise. L'équipe RH de cette entreprise nous explique que le management est plutôt « viril », « injonctif », dans le « sois fort », et par protection ne se donne pas le droit d'être « faible », « humain ». Les managers de cette entreprise sont habitués à devoir démontrer leur force et à négocier, convaincre auprès du Codir ou d'autres personnes de l'organisation. Le réseau de relations humaines était et est encore aujourd'hui déterminant :

« Il faut se battre pour convaincre les personnes en interne. »

« Chaque collaborateur peut être maître de son destin, mais il faut s'en construire un à la force de caractère et au charisme, pour sortir du lot dans la boîte. »

« On peut aller d'un métier à l'autre, mais il faut un réseau de relations. Pas en approche politique mais humaine, relationnelle. Être proche du Codir est utile. »

---

1. Dupuy, F., *Lost in Management*, Seuil, 2011.

La parole du collaborateur ne semble compter que si elle est relayée par un manager, ce qui n'est pas toujours le cas :

« On est entendu seulement quand un directeur se mouille. »

« L'écoute dépend de la hiérarchie. »

« Il y a un problème de communication, je ne suis pas réellement écouté, mes idées ne sont pas toujours prises en compte et valorisées. »

Et en corollaire, les directeurs semblent donner l'impression d'imposer une vision qui émane d'eux et n'est pas concertée avec le reste de l'entreprise, « à l'ancienne », sans associer les collaborateurs comme l'exprime ce manager de proximité dans une entreprise industrielle :

« L'équipe de direction pense connaître la boîte parce qu'elle est historique, mais il faudrait prendre du recul et partir du postulat qu'on ne sait pas. Les jeunes talents sont très performants. Il faudrait être plus dans l'écoute des collaborateurs et ne pas imposer la vision historique. »

L'ORGANISATION SOURCE DE DÉFIANCE

Les approches de gestion *top down*, militaires, « encadrantes », infantilisent. La bureaucratie en est une. Ces approches sont fondées sur des classes, des castes, et inhibent le collaborateur vis-à-vis de la représentation de sa capacité et l'abrutissent (mode exécutant/pilote automatique). Les chefs se comportent comme des « chefaillons »

> 66 Perception néfaste n° 7 : L'entreprise est une dictature, le collaborateur n'est là que pour exécuter, surtout pas s'exprimer.

selon ce qui est rapporté, ne sont ni à l'écoute ni disponibles, considérants, vis-à-vis des personnes de leur équipe :

« Le problème c'est que dans notre entreprise ce ne sont pas des managers, ce sont des "encadrants". »

« Parfois on arrive, on se croirait en dictature. Le chef fait le chef. Les chefs sont toujours en réunion. La RH on ne peut jamais lui parler, et elle se répartit sur trois plaques géographiques. »

❝ Perception néfaste n° 8 : Le dédain managérial.

Les collaborateurs relatent des « barrières » entre cols blancs et cols bleus ou le sentiment de valeur différenciée : être « homme » (chef) ou « sous-homme » (collaborateur). Un sentiment de manque de considération, de mépris et de sous-valeur est clairement exprimé.

Ces pratiques renforcent la défiance et créent un sentiment de mal-être ou de rejet chez des collaborateurs qui ne se sentent ni considérés, ni reconnus, voire ignorés, insignifiants :

« Il y a un vrai clivage historique entre les patrons et les simples collaborateurs : syndrome cols blancs/cols bleus. Pendant longtemps, le directeur n'a pas eu de compétences en management. Il n'allait pas dire bonjour aux collaborateurs et pensait qu'ils étaient "tous des cons". Il se garait sur le parking client pour éviter de les croiser. Notre boîte est un ascenseur social de folie, trop. Tout le monde ne naît pas manager et ne peut pas monter de trois, quatre, voire cinq échelons. »

« Quand je veux parler à un cadre de mon centre de production, il me présente sa main et m'arrête tout de suite, il me dit :

"Envoie-moi un e-mail." C'est pas des manières de faire, c'est pas humain comme réaction. En plus, moi et le minitel – comme je l'appelle –, c'est pas une grande histoire d'amour. »

Le langage par sigles ou « technocratique » accentue les perceptions de caste et de mise à distance entre management et collaborateurs :

« Ils nous donnent l'impression de mal parler, d'être des petites gens. Nous, on a notre langage à nous. »

« Les chefs parlent par sigles. »

« Je conseillerais aux managers de parler aux collaborateurs sans les prendre de haut. »

Dans ces situations, les collaborateurs se désengagent et passent dans un état de résignation :

« Au final, ça vient que je les emmerde pas [les managers], ils m'emmerdent pas, on fait mine de rien. Je pense bien faire mon boulot, et tout va bien. »

Chapitre 9

L'écart entre le discours et les actes

L'ABSENCE D'EXEMPLARITÉ DES DIRIGEANTS ET DES MANAGERS

“ Perception néfaste n° 9 : Ils ne font pas ce qu'ils disent.

Depuis que le management existe, la question de l'exemplarité est centrale pour construire la confiance, comme le souligne Tessa Melkonian dans un petit ouvrage remarquable[1].

Mais il existe, dans de très nombreuses organisations, un décalage entre le discours et les réalités comme on peut le sentir dans la déception exprimée ainsi par cette responsable opérationnelle :

« Quand je suis venue dans cette entité, on m'avait dit que je pouvais changer les choses, mais ici tout prend du temps et ça dépend des autres projets. »

Le management, dans de nombreuses entreprises, semble devenir du pilotage distancié, technique, exigeant des résultats ayant directement atteint l'objectif cible postchangement, pendant la phase de montée en charge de l'organisation, et de stabilisation, comme le souligne ce responsable technique :

« Avant, la confiance s'établissait sur la connaissance métier. Le manager avait de l'expérience technique, opérationnelle.

---

1. MELKONIAN, T., *Pourquoi un leader doit être exemplaire*, PUG et UGA Éditions, 2019.

Aujourd'hui, ils pilotent de manière militaire, distanciée, avec des statistiques. »

Dans ces entreprises, le management ne manifeste pas de confiance et ne semble pas donner d'autonomie (d'action et de discernement) aux collaborateurs. Il ne ressemble plus au management précédent qui, lui, connaissait le travail comme l'indique ce collaborateur de terrain :

« Le management actuel a changé : ils veulent encadrer sans connaître le travail. Tout est vérifié, le dossier doit être d'équerre. Ils oublient qu'il y a un client derrière qui attend. Tout est contrôlé, mesuré par des chiffres : nombre d'appels, de transferts. Le travail est divisé, limité. Ils ont la mainmise sur tout, revérifient tout (alors qu'il y a urgence client). C'est infantilisant. Il faut toujours se justifier. Il y a une sous-prise en compte du travail déjà fait. »

La confiance ne peut pas s'instaurer par rapport au management quand la communication est minimisée, quand le pourquoi du changement ou de la directive n'est pas exprimé, mais seulement le quoi sans nécessairement le comment. Dans ces entreprises, la communication est descendante, monodirectionnelle, relayée par les rouages managériaux intermédiaires. La ligne hiérarchique est principalement vécue comme distante et inaccessible. Le modèle favorise l'homogénéité, le traitement standard, « la même règle pour tous ». Deux témoignages expriment ces perceptions :

« La façon de faire managériale était ressentie comme très dure : besoin d'impressionner les gens, prendre des décisions fortes, ne surtout pas être dans l'accompagnement. »

« L'approche est devenue technique et procédurière. Il n'y a plus d'humain. Les managers se retranchent derrière les procédures. Ils s'en tiennent au périmètre strict, ce qui crée des absurdités. »

LA SATURATION D'INJONCTIONS SOUVENT CONTRADICTOIRES

Des pressions de toute nature s'exercent sur les managers. On leur demande simultanément de faire de la quantité mais aussi de la qualité, d'être à l'écoute du client mais aussi de standardiser, de donner de l'autonomie mais aussi de garder le contrôle… Nous pourrions multiplier les exemples d'injonctions contradictoires recueillies dans les entreprises que nous avons rencontrées jusqu'à créer un sentiment d'impossible et d'absurde.

Le discours officiel de nombreuses entreprises aujourd'hui est de chercher à renforcer l'autonomie, mais elles ne laissent pas le temps aux collaborateurs de tâtonner. Le contrôle hiérarchique s'exerce toujours et on ne saurait tolérer de baisse ou mou d'efficacité comme le soulignent ces témoignages :

« On parle de responsabilisation, mais dès que quelque chose ne va pas, on demande des plans d'action tout de suite. On ne nous fait pas confiance. On ne nous laisse pas six mois/un an pour faire notre courbe d'expérience. »

« Il y a contradiction entre ce qui est prôné et l'incapacité de la direction de lâcher prise. »

Un sentiment d'impossible et d'absurde se développe chez les managers soumis à ces injonctions contradictoires, comme le montre l'émotion de ce cadre dans une entreprise de services :

« On nous met des objectifs de folie sur des choses inatteignables. On nous demande de faire plus d'un million d'euros sur cette nouvelle activité, c'est impossible. Les objectifs pour la BU sont fixés par le siège, et les objectifs descendent ensuite avec une faisabilité basée sur de l'incantation. »

Les difficultés sont cumulatives pour le management dans de nombreuses entreprises : il leur a fallu et leur faut encore simultanément changer eux-mêmes sur de multiples niveaux (capacités, compétences, savoir-être) et faire changer leur équipe sur de multiples niveaux également. La mission est vaste, la responsabilité importante et la pression du temps est forte et constante. Le temps semble manquer pour soutenir, écouter, accompagner de manière appuyée, comme le mettent en évidence ces deux managers de terrain :

« Avant, on pouvait accompagner et soutenir les gens avec du temps pour le faire. Aujourd'hui [période située depuis la bancarisation], le temps s'accélère. »

« On fait la course contre le temps et on est toujours en retard. »

De nombreux collaborateurs se voient fixer des objectifs très ambitieux, et relatent ne pas avoir les moyens et la latitude pour opérationnaliser ces objectifs. Ils s'en disent privés par le jeu des syndicats dans leurs entreprises comme le montre cette remarque d'un manager opérationnel :

« Les patrons d'établissements ont des objectifs commerciaux balèzes. Il y a beaucoup d'injonctions contradictoires parce qu'on ne peut pas dire les choses aux OS. Les objectifs de vente par exemple. On ne peut pas les écrire. Le collaborateur le vit comme une tromperie… »

Chapitre 10

Le lien dégradé avec l'entreprise

LE RAPPORT DE SUSPICION VIS-À-VIS DE LA STRUCTURE CENTRALE

Pour les organisations géographiques et fonctionnelles qui ne sont pas dans les mêmes locaux que le siège de l'entreprise, alors que l'entreprise est basée sur un principe fort de centralisation des décisions, des conceptions des stratégies, projets et procédures, il est fréquemment rapporté une situation de suspicion des équipes locales, terrains, vis-à-vis du siège, conséquence de plusieurs phénomènes :

- saturation (surcommunication descendante, sursollicitation en reporting ascendant, mise en œuvre simultanée de nombreux nouveaux projets, services, procédures, organisations…) ;
- manque d'aboutissement des projets transformants (*closing*), et de possibilité de percevoir le bien-fondé de ces projets ;
- manque de visibilité ;
- manque d'implication du « terrain local » ou de codéfinition des stratégies, changements, projets ;
- décalage en conséquence de ce qui est « pensé en haut lieu » et son « applicabilité » sur le terrain.

Ces phénomènes sont accrus quand les changements ou transformations sont nombreux, multiples et simultanés.

Le siège est perçu comme un organe centralisateur, déconnecté des enjeux du terrain et mettant une pression descendante et impérieuse à la ligne hiérarchique.

Cette centralisation fonctionnelle est perçue comme surplombante et souvent déphasée par rapport aux attentes ou aux temporalités des entités locales. Il se construit une opposition entre « terrain » et siège, aboutissant à une dégradation de la confiance :

> Perception néfaste n° 10 : Tout est décidé au siège de manière unilatérale, sans tenir compte de la réalité terrain. Le management intermédiaire n'est que le soldat du siège.

« Les décisions tombent, vous subissez : terminé ! »

« La communication est descendante, directive, et ne tolère pas le questionnement. »

Et un chef des ventes géographiques d'ajouter :

« On reçoit beaucoup trop d'e-mails (250), on a moins de temps pour la réflexion et la stratégie. On a tellement d'indicateurs… »

Le pilote clandestin « sois parfait » directif du style bureaucratique est encore très présent dans l'entreprise. Les collaborateurs ne s'autorisent pas vraiment à s'installer dans une relation de confiance et à éprouver de la sécurité avec leur management.

En plus de la perception de subir sans participer un « flux » apportant surcharge mentale et de temps/effort à fournir en plus des activités du quotidien – souvent en contact avec des clients –, les collaborateurs et managers des entités locales dépeignent des réalités démotivantes, provoquant un sentiment d'absurdité, de vanité, et de manque d'engagement réel des managers dans la durée, voire au sujet du résultat des projets :

« On nous demande de déployer les projets mais on ne va jamais jusqu'au bout, et on ajoute des couches sans en enlever. »

« On ne sait pas prioriser. »

« Les managers s'en vont une fois le projet de changement déroulé. »

Les équipes locales saturent d'injonctions émanant du siège (perçues par une grande partie du management local comme obligatoires à respecter). De nature perçue comme contradictoire (ajout de couches, superposition), elles se multiplient et s'institutionnalisent. Visiblement, les managers locaux et les collaborateurs ne perçoivent pas de marge de liberté et de capacité à prioriser, voire d'être en mesure de déployer ce qui vient du siège.

Ces injonctions contradictoires inscrivent les acteurs dans un registre de l'absurde, fragilisant le registre de confiance à la fois stratégique, organisationnel et managérial. Le système managérial *top down* est vécu et décrit comme aliénant.

Il semble impossible de ne pas appliquer ce qui est demandé par le siège. Le management intermédiaire ne semble pas appliquer de filtres ou de tamis (tri, sélection pour adapter au réel terrain) :

« Le directeur régional a beaucoup de pression du siège et nous la transmet (à la différence du précédent qui faisait plus filtre)… Certains collègues partent en raison de cette pression. »

En conséquence, les managers de la dernière maille géographique perçoivent les managers de la ligne intermédiaire avec le siège comme des « passe-plats » ou des « oui-chef » (soldats exécutants). Ces middle managers semblent ne pas se mouiller ni faire de « vagues » vis-à-vis de ce qui vient du siège, de crainte de l'effet placard et de l'impact sur leur évaluation et évolution.

L'effet de ce style managérial est dévastateur pour l'engagement ou crée des burn-out et arrêts de travail au niveau des managers du dernier kilomètre et de leurs collaborateurs, sauf chez ceux qui se permettent une « distanciation psychique » et savent opérer des arbitrages qui leur semblent sensés, qu'ils sauraient expliquer. Une forme de « courage managérial ».

LE DÉVELOPPEMENT D'UNE ORGANISATION « INCAPACITANTE »

Dans les entreprises rencontrées, les trois grandes fonctions classiques support que sont les ressources humaines (RH), le contrôle et le service informatique (SI) sont très largement challengées par l'intégralité des interviewés et ce, à propos de chacun de leurs

> 66 Perception néfaste n° 11 : Les fonctions appelées « support » ne sont au contraire pas facilitantes dans mon travail.

rôles de représentation, d'analystes, de soutien/apporteur de solutions et de garants de la justice procédurale.

Cela contribue à un sentiment de travailler « contre » ces outils organisationnels plutôt qu'avec : l'organisation n'est pas conçue comme aidante et l'on ne peut lui faire confiance ni pour la gestion « de soi », ni pour soutenir l'action de chacun. Cela renforce encore le sentiment d'un découplage avec le siège qui incarne les fonctions transverses. On parle d'« *employee effort score* » pour évaluer la facilité ou difficulté à pouvoir faire son travail en raison du back-office de l'entreprise : réactivités informatique et des process de gestion/d'administration de l'entreprise :

« Ma fonction est orientée vers l'extérieur, très valorisée dans l'entreprise… Elle est orientée vers le développement et beaucoup d'innovations. Mais toutes les offres nouvelles que l'on peut proposer sont liées au système d'information qui tombe en panne régulièrement… Je suis frustré car je gère en permanence les aléas du SI qui remontent au brief. »

« Des freins partout dans notre entreprise hyperprocessée pour mettre en œuvre les idées : les procédures, on est dans un hyper-contrôle, on a énormément d'indicateurs, on pourrait simplifier cependant les processus. »

Les fonctions support, back-office, qui sont financièrement moins associées à une logique de résultat commercial, ne témoignent ni du même degré d'autonomie et de confiance témoignées, ni de la même perception de bon traitement que les autres collaborateurs. Cela est particulièrement vrai pour les entreprises dont le cœur de métier n'est pas l'informatique – le digital (on parle d'entreprises « utilisatrices ») :

« Il n'y a pas d'évolution salariale depuis cinq ans. On paye beaucoup plus bas que le marché en informatique. L'entreprise n'a pas conscience des conditions salariales du marché informatique. Cela nous crée des problèmes de motivation, d'attractivité et nous subissons beaucoup de départs. »

« Il y a un problème de cohérence salariale au siège entre l'IT et les métiers. »

LE RÈGNE DE LA NON-COOPÉRATION

Pour les entreprises « composites », qui intègrent d'autres entreprises, ou créent des filiales, le rôle des managers se complexifie : ils doivent faire tenir ensemble des parties prenantes de plus en plus variées, dans une approche quasi entrepreneuriale :

> ❝ **Perception néfaste n° 12 : L'entreprise est une galaxie complexe et non coopérative :** *lost in complexity.*

« Le plus dur est de faire travailler ensemble des mondes très différents : la tech, les spécialistes des besoins clients, les juristes et les managers : on a souvent des clashs. »

Les entités, structures juridiques ou non, peuvent fonctionner avec des *profits and loss* (P&L) dissociés, voire concurrents. Structurellement et culturellement, une perception de « siloisation » induit une modulation à la baisse de la confiance des collaborateurs et de certains managers :

« On regrette l'absence de communication avec d'autres entités du groupe, on a l'impression d'être un peu isolés. »

« On fait partie d'un groupe mais je ne sais quasiment rien de ce qui se passe ailleurs dans le groupe. »

Il est déploré le manque de visibilité et d'information propice à la confiance. Les collaborateurs et managers ne sont pas toujours au courant des initiatives du groupe ou des filiales, des porteurs de P&L et sont donc quelquefois décrédibilisés aux yeux des filiales.

« On n'est pas toujours au courant de ce qui se passe ni dans les filiales ni au siège. »

« Je ne sais pas bien ce que font les autres dans le groupe et je ne suis pas certain que les autres savent ce que nous faisons. »

Cela aboutit à un risque d'épuisement personnel des équipes au siège, toujours occupées à réagir pour essayer de répondre au plus vite à toutes les demandes des filiales, mais aussi à une personnalisation extrême des relations de confiance faisant alors courir un risque supplémentaire : celui de la disparition de la confiance en cas de rotation des personnes.

Chapitre 11

Le déséquilibre croissant entre contrôle et autonomie

Doser le juste équilibre entre contrôle et gestion d'entreprise au niveau global et managérial, et autonomie locale et individuelle est loin d'être facile pour les entreprises, au-delà de l'illusion managériale représentée par « l'entreprise libérée[1] ». Ce sujet organisationnel et de système gestionnaire met directement en exergue une tension sur le lien de confiance entre les « grappes » organisationnelles qui ne sont pas le siège, et le siège. Une défiance ou un clivage terrain-siège est encore, en de nombreux endroits, très prégnant.

LA CENTRALISATION ET LA FORMALISATION PERÇUES COMME NON PERTINENTES

Le siège des entreprises – *a fortiori* celles dont le métier est très concret, tangible, opérationnel – est parfois perçu comme un centralisateur de pouvoir apporteur d'inertie parce qu'il produit un métier de production d'idées, de procédures, de nouveaux projets, et de principes de gestion

> " Perception néfaste n° 13 : Le siège nous surcharge inutilement et ne comprend rien à notre réalité quotidienne.

---

1. GETZ, I., CARNEY, B., *Liberté & Cie, quand la liberté des salariés fait le succès des entreprises,* Flammarion, coll. « Champs », 2013.

qui font peser une charge administrative et « mentale » forte sur l'entité locale. Pour les sièges qui emploient beaucoup de personnes, et dont les représentants sont peu sur le terrain, cela donne une perception aux collaborateurs et managers de filiales, d'entités locales de « tour d'ivoire » : la tour de contrôle distante, froide, administrative et gestionnaire, déconnectée des réalités du terrain.

Ces managers font l'objet de rejet et de défiance des équipes locales, *a fortiori* si ce sont des PME « championnes » locales, très légitimes sur leur marché, rachetées par un groupe, peu en demande ou en besoin par rapport au (nouveau) siège. Voici les témoignages de collaborateurs d'un siège national :

« Le siège doit constamment se justifier. Ce qui est dur, c'est qu'il faut toujours être capable d'embarquer le terrain et le convaincre. »

« Les gens ne nous communiquent pas ce qu'ils font. »

« Le central n'a pas d'autorité sur les filiales. C'est comme si dans une famille, les enfants étaient les rois. »

Par ailleurs, la décentralisation peut faire apparaître aux yeux de certaines catégories de managers et collaborateurs une impression de redondance, voire d'incohérence dans les actions, quand les entités locales ou les filiales développent des initiatives propres sans relation avec les intentions du groupe. Les collaborateurs du siège se sentent mis en question dans leur rôle de mise en cohérence et d'alignement stratégique :

« Souvent, les outils du groupe se confrontent aux outils développés localement. »

Le groupe n'est pas perçu comme une entité soutien ou ressource pour les entités locales au contact du client, mais comme un générateur de projets, de surcroît de travail pour les filiales sans utilité incrémentale :

« Les projets groupe sont souvent perçus comme du travail supplémentaire pour les filiales. »

DES JEUX DE POUVOIR ET DES RÈGLES NON EXPLICITÉES OU NON APPLIQUÉES PAR LES ACTEURS

Si les règles d'évolution, de promotion et reconnaissance financière sont explicitées ou formalisées, elles ne garantissent pas qu'elles soient appliquées par les managers ni que leur application puisse être vérifiée et accompagnée par une entité naturelle comme les ressources humaines, d'autant quand il y a un ratio effectifs RH/effectifs managériaux très déséquilibré et une distance géographique entre les uns et les autres importante, et que les collaborateurs n'ont pas l'impression (réelle ou fantasmée) de pouvoir se faire aider par les RH, le CSE…

Prenons quelques témoignages de collaborateurs qui vont en ce sens :

« J'ai passé l'examen pour obtenir le niveau de direction supérieur et j'ai été reçu à l'écrit. J'attends toujours qu'on me rappelle depuis deux ans pour passer l'oral. Ça fait deux ans que je suis en fonction dans le niveau de direction donné. Je peux vous dire que c'est un sujet qui impacte fortement la confiance ! »

« L'entreprise est centralisée formellement, mais l'informel joue à fond avec des cartes qui font que les décisions sont souvent perçues comme injustes. »

Les collaborateurs dénoncent souvent l'inconstance et les ruptures dans le système managérial qui leur donnent le sentiment de repartir de zéro, de perdre le bénéfice de ce qui a été franchi ou capitalisé :

« On ne dépend jamais du même bonhomme. Je me demande si deux années de suite j'ai eu le même évaluateur, c'est vicieux. En notation, on repart toujours à zéro. »

« Je suis depuis trente-six ans sur un poste "à pénibilité". Demain, si je change de poste sur un poste non labellisé pénible, je perds la reconnaissance de toutes ces années pénibles. L'entreprise n'a pas de mémoire. »

Les collaborateurs veulent par ailleurs avoir la possibilité, par des éléments de « bonification » qu'ils connaissent au préalable, d'améliorer leurs conditions de confort ou de rémunération, le « package » salarial. Ils cherchent leur zone levier, leur pouvoir d'action. C'est l'esprit du don/contre-don et de l'arrangement avec le contrat psychologique :

« C'est pas juste, on n'a pas le droit de faire des heures sup. J'aimerais en faire ! L'entreprise s'achète la paix sociale. »

« Avant, on avait des tickets resto, ça bonifiait notre salaire. On nous a enlevé cet avantage. »

Des demandes d'écoute et d'autonomie des personnes non satisfaites

❝ Perception néfaste n° 14 : Mon manager me confine dans un rôle d'exécutant et ne me permet pas de m'exprimer, participer.

Les collaborateurs voudraient prendre des initiatives sur la manière de réaliser les choses qui incombent à leur entité, mais les managers n'écoutent pas, ou variablement :

« On a du mal à être écoutés. Ma manager n'en fait qu'à sa tête et

ne veut rien entendre, même si on est plus expérimentés qu'elle sur ce qu'il y a à faire… »

« On peut être accompagné dans l'entreprise, mais il faut avoir un bon manager. Certains poussent, d'autres bloquent. »

« On ne nous laisse aucune marge de manœuvre, aucun pouvoir de réflexion ou d'action, il s'agit d'exécuter. »

Cette réduction au seul rôle d'exécution, *a fortiori* selon un chemin tracé, guidé, scripté, est vécue par les collaborateurs comme infantilisante et dédaigneuse. Ils ressentent un manque de confiance de leur manager en leurs capacités et un manque de reconnaissance de leur expérience et expertise. De leur point de vue, le manager n'a confiance qu'en lui-même et ne leur permet pas de mettre en exergue leurs savoirs, savoir-faire, de les exercer, voire de les partager. Pas seulement pour démontrer et produire, mais aussi pour faire progresser l'équipe, l'activité, et contribuer au développement, à l'amélioration.

Nous venons dans cette partie de parcourir quatorze facteurs de perception néfaste qui atténuent, voire détruisent durablement la confiance des collaborateurs d'entreprises en leur management immédiat et en la direction de leur entreprise. Dans la prochaine partie de ce livre, nous proposons une série de fiches pratiques destinées aux managers, présentant des leviers d'action et de posture pour qu'ils puissent agir positivement sur la confiance de leurs équipes et collaborateurs. Ces leviers sont issus des enquêtes terrains que nous avons menées auprès d'entreprises de différents secteurs (entretiens qualitatifs de collaborateurs et managers) et des leviers efficaces identifiés au cours des entretiens de managers en entreprise présentés en dernière partie de ce livre.

Fiches pratiques

LES COMPORTEMENTS
VIS-À-VIS DE SOI-MÊME

La congruence entre discours et actes

VERBATIMS

« On inspire la confiance, entre autres, en alignant les comportements quand on agit conformément à ce que l'on prône, c'est-à-dire la cohérence entre discours et actes. » Pascal Demurger

« Vous êtes obligé de tenir des discours mais il y a aussi les actes. Le problème, c'est que le discours essaye de gommer ou de lisser les contradictions inhérentes à l'action et au pouvoir. » Bernard Ramanantsoa

POURQUOI

La congruence entre le discours et les actes est un levier important pour bâtir une relation de confiance entre le manager et son équipe. Il y a plus de vingt ans, l'écart entre le discours et les actes était déjà dénoncé avec vigueur[1], mais c'est bien évidemment avec la transparence apportée par le digital que l'exigence de congruence entre ce que l'on dit et ce que l'on fait est devenue beaucoup plus forte. Il semble de plus en plus problématique pour une entreprise et, sur le terrain, pour un manager, d'avoir un discours qui ne soit pas suivi d'actions concrètes alignées.

---

1. PFEFFER J. & SUTTON R., *The Knowing-Doing Gap,* Harvard Business School Press, 1999.

Ce qui est en jeu est la crédibilité de celles et ceux qui tiennent des discours pour pouvoir gagner progressivement la confiance des autres, membres de l'équipe ou partenaires. La congruence entre le discours et les actes constitue donc le fondement d'une légitimité sur laquelle s'appuie la confiance que l'on accorde à l'autre. La confiance c'est, en définitive, abandonner quelque chose de soi-même à l'autre[1].

COMMENT

Concrètement, pour assurer la congruence entre le discours et les actes, la première chose à faire est de calibrer son discours de telle façon que les actes qui en découlent puissent être facilement alignés. Il ne s'agit pas ici de limiter l'ambition de son discours, mais de le rendre réaliste aux yeux de son équipe. Le rêve n'est pas antagoniste de la réalité. Pour développer ensuite sa crédibilité et par là même sa légitimité afin de renforcer la relation de confiance, il est nécessaire d'être vigilant dans les promesses des discours que l'on tient devant les autres. Il faut rester solide sur la durée mais trop souvent, en effet, la confiance s'émousse parce que les discours ne correspondent plus aux réalités vécues par les autres, collaborateurs et partenaires.

---

1. Financi'Elles & Institut Montaigne, *Et la confiance bordel ?*, Eyrolles, 2014, 2ᵉ éd.

POINT D'ATTENTION

La congruence entre le discours et les actes comporte le risque principal de se limiter volontairement dans son discours, et donc de manquer d'ambition, pour être sûr de tenir les promesses affichées. Un autre risque est celui de la manipulation, car les actes peuvent être seulement des pratiques « cosmétiques » comme l'ont montré les exemples de *green washing* dénoncés ces dernières années pour des entreprises qui affichaient pourtant une politique RSE volontariste.

Le courage et l'immédiateté

VERBATIMS

« La confiance dans le dirigeant tient au fait qu'il est celui qui prend les coups en externe et en interne. Je libère mes collaborateurs de cela. Je ne me défausse jamais sur mes collaborateurs. Les dirigeants doivent avoir ce courage. » Martin Piechowski

« Ce qui donne confiance, c'est d'être aux premières lignes devant tes hommes à mener l'action toi-même. Les gens te voient faire. Ce que tu dis, ça pèse 5 %, ce que tu fais c'est 95 %. » Paul-Ambroise Archambeaud

POURQUOI

L'entreprise du monde civil est souvent analysée en comparaison aux organisations militaires qui leur ont préexisté. Pour faire progresser les équipes, il n'est pas rare que les DRH s'inspirent des modes de management des commandos militaires, reconnus pour leur agilité, leur rapidité d'action et leur capacité à résoudre une problématique précise et surtout, leur capacité à faire face à l'adversité, quand ce n'est pas à l'incertitude, dans laquelle évoluent les entreprises depuis maintenant des années[1]. Un manager est respecté par ses équipes (comme finalement un parent dans la sphère familiale) s'il se montre à la hauteur

---

1. DE VILLIERS, P., *Qu'est-ce qu'un chef ?*, Fayard, 2018.

de la responsabilité qui lui est confiée, qu'il leur prouve par son attitude qu'il « mérite et occupe son poste » et leur apporte analyse et cap d'action de court terme clairs, conviction et protection.

COMMENT

Le manager qui incarne le courage, prend « les coups », les « vagues » face au marché, aux fournisseurs, aux supérieurs, face à toute adversité…

« La confiance n'est vraiment donnée qu'après une épreuve importante », confie Paul-Ambroise Archambeaud. Cohésif, frugalement et justement autoritaire, il permet aux individus de son équipe de se sentir protégés, en sécurité, et de se (re)positionner ensemble, avec des postures et contributions clairement comprises et assumées dans un contexte mouvant. Ce manager ne se désolidarise par exemple pas du collaborateur avec qui il a préparé la présentation d'un dossier en réunion avec les supérieurs, si ces derniers expriment du scepticisme, voire de l'opposition. Ce manager ne se défausse pas sur ses collaborateurs en pointant sur eux une responsabilité tierce. Ce manager ne diffère pas non plus le temps de la réaction, du feedback vers ses collaborateurs face à une situation. Il l'affronte et la traite directement, avec courage et immédiateté, sans donner l'impression de se « soustraire » à sa responsabilité. Comme le dit Carmen Munoz-Dormoy : « J'inspire confiance par une communication directe : j'adresse les sujets. J'évite l'implicite et les non-dits. Et je désamorce les interprétations. »

POINT D'ATTENTION

Attention, communication directe ne veut pas dire communication abrupte et brève, assertive, au risque d'être prise pour de l'agressivité et de l'autoritarisme. Entraînez-vous à communiquer avec authenticité. Attention à ne pas verser dans le « tout immédiat » ce qui pourrait donner l'impression de suroccupation et suragitation managériales.

L'exemplarité

VERBATIMS

« Inconsciemment, les personnes veulent faire plaisir au chef dans toutes les entreprises, se conformer, adopter les mêmes codes explicites et implicites… D'où la nécessité d'exemplarité managériale. » Carmen Munoz-Dormoy

« Le fait d'être exemplaire vis-à-vis de mes équipes leur donne confiance également. » Ingrid Robil

POURQUOI

L'exemplarité est sans doute l'un des fondements parmi les plus structurants de la confiance. En la définissant simplement comme « faire ce que l'on exige des autres[1] », on comprend bien que toute personne en situation de commandement ne peut se soustraire à l'obligation de montrer l'exemple pour permettre à l'équipe de la suivre, y compris dans des situations difficiles – voire plus comme le sont les territoires de combat dans des conflits armés[2]. Si le monde de l'entreprise est moins dangereux, il n'en reste pas moins que la confiance ne se construit entre un manager et son équipe que lorsqu'il y a une forte

---

1. MELKONIAN, T., *Pourquoi un leader doit être exemplaire*, PUG et UGA Éditions, 2019.
2. DE VILLIERS, P., *Qu'est-ce qu'un chef ?*, Fayard, 2018.

congruence entre les comportements du manager et ce qui est attendu de la part de ses collaborateurs. Dans les situations de changement, le premier à changer doit être le leader lui-même car, en reprenant un vieil adage, « on regarde toujours vers le haut ». Le changement comporte toujours des risques : le premier à prendre des risques doit être le leader.

COMMENT

Être exemplaire commence toujours par faire un travail sur soi pour accepter de se mettre en danger, car on sait que l'on est observé dans son attitude et ses comportements au quotidien par les autres. Par ailleurs, la visibilité de nos comportements est considérablement amplifiée par le digital dans les commentaires sur les réseaux sociaux ou les évaluations laissées sur des sites comme Glassdoor[1]. Mais l'exemplarité reste une expérience au quotidien, ce sont dans des petites actions que l'on observe l'exemplarité de son manager. Le levier le plus fort de l'exemplarité est sans doute le bouche-à-oreille ou « radio-moquette ». Il n'est pas toujours utile de dire mais plutôt de faire. Cela étant, l'exemplarité peut se démontrer aussi dans des circonstances exceptionnelles comme celle de la pandémie du coronavirus en 2020 avec les récits épiques des « héros de l'ombre » constitués par les équipes de soignants[2].

---

1. www.glassdoor.fr
2. BESSEYRE DES HORTS, C.-H., « Les héros de l'ombre : vers une nouvelle hiérarchie des emplois », *Entreprise & Carrières*, n° 1474, 30 mars-5 avril 2020.

POINT D'ATTENTION

L'exemplarité ici n'est pas absolue. Elle ne doit pas être une exigence de tous les instants, dans toutes les circonstances, mais doit plutôt s'exercer dans certains comportements clés attendus des autres[1]. Par ailleurs, l'exemplarité peut avoir un côté toxique en entraînant les autres dans des comportements contraires à l'éthique. Bref, il ne faut pas se laisser aveugler par un leader soi-disant exemplaire, comme l'ont montré certains grands exemples de l'Histoire.

---

1. MELKONIAN, T., *Pourquoi un leader doit être exemplaire*, PUG et UGA Éditions, 2019.

La posture basse, l'humilité

Verbatims

« Pour donner confiance à mes collaborateurs et me donner confiance, j'ose montrer mes difficultés sans montrer qu'elles me déstabilisent. » Ingrid Robil

« Faire confiance, c'est accepter de ne pas être en surplomb, de ne pas considérer que l'on pourrait faire mieux que l'autre. » Pascal Demurger

Pourquoi

Pour un manager, adopter une posture basse, être humble, constitue l'un des socles les plus importants pour bâtir une relation solide de confiance avec son équipe. À l'heure de la révolution digitale où le *reverse mentoring* (les jeunes éduquant les seniors) est devenu la règle, la hiérarchie des rôles est bouleversée. Le modèle du *servant leadership*[1], dans lequel le leader adopte une posture basse, devient de plus en plus populaire. Adopter une posture basse, être humble, c'est accepter un lâcher-prise qui est indéniablement un fondement de la confiance en laissant à son équipe le soin de développer de nouvelles activités ou de résoudre par elle-même les problèmes sur le terrain. Bref, la posture basse et l'humilité sont les conditions nécessaires pour développer une subsidiarité recherchée aujourd'hui dans

---

1. Greenleaf, R., *The Power of Servant Leadership*, Berret-Koehler, 1998.

de nombreuses entreprises, sans tomber dans l'illusion magique de l'entreprise libérée.

COMMENT

Pour mettre concrètement en œuvre une posture basse et adopter un comportement d'humilité, il s'agit tout d'abord de faire un important travail sur soi, surtout lorsqu'on a eu, en tant que manager, une autre posture pendant des années. Il s'agit ensuite d'identifier les potentialités de chacune des personnes avec lesquelles on est en interaction pour mener un projet ou accomplir une mission : les membres de son équipe ou d'autres partenaires. Il s'agit enfin de construire des relations avec ces personnes en s'appuyant sur leurs forces qui leur donnent des ressources pour mener en autonomie les tâches ou les missions qui leur sont confiées. C'est le sens de l'innovation managériale mise en œuvre par le dirigeant indien Vineet Nayar[1], en redonnant aux employés de terrain (*value zone*) toute l'autonomie nécessaire pour développer de nouveaux business et retenir les clients.

POINT D'ATTENTION

La posture basse et l'humilité ne sont des sources importantes de confiance que si elles sont authentiques. Le risque de manipulation existe si l'on reste plus sur le paraître que sur l'être. La culture du « like » que nous a apportée la révolution digitale est particulièrement dangereuse ici, car adopter une posture basse et faire preuve d'humilité ne signifie pas seulement vouloir se faire aimer.

---

1. Nayar, V., *Employés d'abord, Clients ensuite*, Diateino, 2018, 2ᵉ éd.

Fiche 5

La prévisibilité

VERBATIMS

« Être prévisible offre un cadre stable de fonctionnement, une congruence à ses interlocuteurs sur les règles. » Diane Abrahams

« On inspire confiance en étant aussi prévisible que possible. Mais cela dit, il n'y a rien de facile dans cette proposition. » François Dupuy

POURQUOI

Il est devenu aujourd'hui totalement banal de parler de l'environnement VICA (volatile, incertain, complexe, ambigu) auquel sont confrontées de très nombreuses entreprises, quel que soit leur secteur d'activité. C'est ici qu'intervient la force de la prévisibilité pour créer la confiance dans son équipe. Il ne s'agit évidemment nullement d'annihiler les caractéristiques de cet environnement, mais plutôt de les maîtriser par un comportement prévisible qui donne aux collaborateurs un pôle de stabilité dans leur relation à l'équipe et plus généralement à l'entreprise. Cette prévisibilité est l'essence même de la notion de stratégie d'entreprise, qui est très loin de l'idée de planification, laquelle a connu des hauts et surtout des bas[1]. Ce que l'on attend ici de son manager, c'est une capa-

---

1. MINTZBERG, H., *Grandeur et décadence de la planification stratégique*, Dunod, 2004.

cité à mettre en œuvre un répertoire de réponses plus ou moins connues face aux incertitudes de l'environnement.

COMMENT

Pour développer un comportement prévisible, il est nécessaire tout d'abord pour le manager de s'appuyer sur son expérience qui permet d'apprendre du passé. Mais on ne peut pas se contenter de la seule expérience pour rendre prévisible, puisque l'environnement VICA nous place souvent dans des situations totalement inédites – comme le montre la pandémie du coronavirus en 2020 que personne n'avait imaginée en début d'année.

C'est donc ensuite dans ses capacités de résilience[1] que le manager va puiser des ressources pour inventer des réponses aux nouveaux défis, qui restent toutefois dans un répertoire connu de ses collaborateurs.

C'est enfin dans la continuité des pratiques managériales au quotidien, notamment la perpétuation des rites organisationnels comme la réunion de service du lundi matin, que la prévisibilité des comportements pourra constituer une base importante de la confiance au sein de l'équipe.

POINT D'ATTENTION

La prévisibilité ne doit pas cependant devenir une occasion pour développer la routine dans les pratiques managériales : dans un environnement VICA, en effet, il est

---

1. FURNHAM, A., *The Resilient Manager: Navigating the Challenges of Working Life*, Palgrave Macmillan, 2013.

essentiel de pouvoir renforcer l'agilité de l'entreprise aux antipodes des pratiques établies. Un autre risque lié au renforcement de la prévisibilité est celui d'une insensibilité croissante aux signaux faibles des évolutions de l'environnement. Un trop fort accent mis sur la prévisibilité peut en effet conduire le manager à avoir des « œillères » pour se conforter dans la mise en œuvre de pratiques managériales déjà éculées avec le risque de passer à côté de belles opportunités.

Fiche 6

La proximité

VERBATIMS

« Dans ma façon de faire, je reproduis cette proximité avec mes collaborateurs. Je discute, je passe du temps avec chacun de mes collaborateurs de manière informelle et de manière formelle. » Martin Piechowski

« Les dirigeants ont un discours de vérité et de proximité avec les gens du terrain, ainsi qu'avec les clients. » Stéphane Wilmotte

POURQUOI

La proximité est un autre fondement important de la confiance. Certains affirment même que le management est une affaire de proximité[1]. Être proche de son équipe, faire avec, constitue sans doute l'un des socles les plus puissants pour créer et développer la confiance avec les autres. La proximité permet de partager avec les autres les réussites, les moments heureux, mais aussi les échecs et les périodes difficiles, démontrant ainsi une forte solidarité avec l'équipe. Il est également important de bien connaître, professionnellement et personnellement, les personnes avec lesquelles on est en interaction dans sa propre équipe ou ailleurs. C'est ici que la proximité joue

---

1. THÉVENET, M., *Le Management, une affaire de proximité*, Éditions d'Organisation, 2003.

un rôle clé dans la relation de confiance, car on dépasse souvent le seul registre professionnel en s'intéressant à la personne elle-même, en la reconnaissant dans son unicité par la mobilisation de son intelligence émotionnelle.

COMMENT

La proximité se démontre quotidiennement et peut commencer par un simple « bonjour » adressé à chacun des membres de son équipe avec, éventuellement, une question montrant de la reconnaissance à la personne. Inutile d'avoir recours à des applications de sondage de type « *pulse* » sur téléphone mobile où chacun évalue son humeur par un smiley, il faut en rester à la bonne vieille relation humaine. Ensuite, il est souhaitable d'entrer régulièrement en relation, virtuelle ou réelle, avec les membres de son équipe pour échanger, et non contrôler, sur l'avancement d'une activité ou d'un projet[1]. Hewlett Packard était connu il y a plus de vingt-cinq ans par un modèle de management par la proximité appelé Management By Wandering Around (MBWA), traduit en français par le « management par la promenade ». Rien ne vaut un contact régulier, quotidien ou plus, avec son équipe pour l'aider et la reconnaître, bref pour lui inspirer confiance.

POINT D'ATTENTION

La proximité doit cependant être mise en œuvre avec mesure, car une trop forte proximité peut être assimilée

---

1. DUSÉHU, B., *Le Manager de proximité. Le management opérationnel au cœur de la performance de l'entreprise*, Gereso édition, 2019, 5ᵉ éd.

à de la surveillance ou du flicage, ce qui serait totalement contre-productif pour développer un climat de confiance avec son équipe. Enfin, la proximité comporte un risque d'assimilation trop forte avec les autres au détriment de la relation naturelle d'autorité qui devrait exister entre un manager et son équipe.

La transparence

VERBATIMS

« Il y a deux-trois valeurs pour inspirer la confiance. La première, c'est vraiment la transparence. » Olivier Storch

« La notion de transparence porte en germe une normalisation sociale extrême, parce qu'elle peut vite créer des injonctions au lieu d'être des choix humains, libres. » Laurent Choain

POURQUOI

La transparence est aujourd'hui attendue dans les attitudes et les comportements de l'entreprise et des managers sous l'effet d'un double mouvement qui est intimement lié : les effets de la révolution digitale et l'évolution des attentes de l'ensemble des collaborateurs – particulièrement ceux des jeunes générations. Comme le disait Michel Serres dans *Petite Poucette*[1], avec la révolution digitale tout se sait, tout se communique. Par voie de conséquence, l'entreprise et les managers en particulier se voient dans l'obligation de rendre visibles et compréhensibles leurs décisions et leurs actions et cela, d'autant plus que les collaborateurs, notamment les plus jeunes, attendent de l'entreprise et de leurs managers un discours de vérité. Dans le langage de l'analyse transactionnelle, ils veulent avoir une relation

---

1. SERRES, M., *Petite Poucette*, Le Pommier, 2012.

adulte–adulte avec l'entreprise et leurs managers faute de quoi ils risquent fort de perdre confiance et finalement de pratiquer l'« *exit* » au sens de Hirschmann[1], c'est-à-dire se désengager totalement, voire de quitter purement et simplement l'entreprise.

COMMENT

Être transparent, c'est travailler son discours pour rendre visibles et compréhensibles ses décisions et ses actions. Ce discours doit s'articuler autour des questions clés suivantes :

- *Pourquoi* ? Donner des éléments clairs et convaincants sur les raisons qui justifient les décisions et les actions.

- *Comment* ? Donner des informations sur la prise de décision et surtout sur les étapes à suivre dans la mise en œuvre des actions décidées.

- *Avec qui* ? Communiquer sur les acteurs engagés dans la prise de décision et la mise en œuvre des actions décidées.

- *Quel contrôle* ? Donner à l'avance des indicateurs de suivi des décisions et actions.

POINT D'ATTENTION

La transparence n'est cependant pas la panacée universelle pour créer la confiance. Trop de transparence risque de tuer la confiance. Comme le signale en effet Laurent

---

1. HIRSCHMAN, A., *Exit, Voice & Loyalty*, Havard University Press, 1990.

Choain dans le verbatim cité précédemment, la transparence porte en elle un risque fort de normalisation sociale limitant fortement la liberté des personnes. Tout savoir sur tout n'est pas la situation idéale dans l'entreprise, car trop de transparence sur certaines décisions et actions peut conduire l'entreprise et les managers à être mis en difficulté face à des parties prenantes qui ne posséderaient pas tous les éléments de contexte. Le modèle de la surveillance généralisée du panoptique de Bentham[1] est encore suffisamment présent pour nous rappeler les limites d'une société totalement transparente.

---

1. BENTHAM, J., *Panoptique*, Mille et Une Nuits, 2002.

La vulnérabilité

Verbatims

« Je ne joue pas l'experte, car j'ai besoin que mon équipe soit meilleure que moi. » Diane Abrahams

« Il faut avoir un niveau de doute raisonnable. On peut me faire reconnaître que je me suis trompée. » Carmen Munoz-Dormoy

Pourquoi

Dans les systèmes processés, voire surprocessés de l'entreprise au fil du temps, suivant les vagues techniques de mécanisation, d'automatisation au profit du « haut rendement », la faillibilité humaine semblait être malvenue et le perfectionnement une règle de gestion. Prenons pour exemple les marchés boursiers, caractérisés par le rendement à « haute fréquence » : ils sont à 60 % automatisés, l'action des opérateurs en centres de contact client téléphonique surscriptée pour chaque appel, minutée. Le surmoi de l'entreprise renvoyait une injonction « sois parfait » écrasante et culpabilisante pour les collaborateurs. À l'ère de la transparence, les canaux digitaux d'évaluation des pratiques éthiques et commerciales des entreprises propagent en un temps infime les notes et commentaires au sujet de l'entreprise par les clients et les collaborateurs. Ces éléments influencent directement la performance financière et la durabilité de l'entreprise. Ces tensions et oppositions historiques entre vulnérabilité et performance sont très bien mises en évidence dans *Le Droit à la vulnérabilité*[1]. La nouvelle ère est celle du *care* et du *cure* (bienveillance, soin), de l'entreprise pour les êtres humains et de la positivité envers la société. En témoignent les entreprises à mission, les baromètres de climat social (exemple : Great Place to Work, Glassdoor) et d'engagement, la RSE, et le suivi de la performance extrafinancière de l'entreprise.

COMMENT

Il s'agit déjà de changer les codes managériaux, au niveau individuel et au niveau collectif (culture managériale). Casser le « sois parfait » et la culture du manager expert, au profit de la posture du manager coach et facilitateur. À cela, il est important d'ajouter une attitude managériale autoanalysante et transparente (le manager communique ses résultats et besoins de progrès à ses équipes), ce qui permet de mettre en évidence les axes de fragilité et les axes de renforcement du manager. Il est possible d'aller plus loin encore en ouvrant l'analyse régulièrement au feedback ou à l'évaluation inversée des managers par les collaborateurs (360°). À échéances régulières, que le manager communique en toute humanité qu'il s'est trompé dans ses hypothèses ou son évaluation des choses, ses comportements et actions, d'une manière factuelle et qu'il puisse l'expliquer, est de nature à augmenter le degré

---

1. CALVAT, T. & GUÉRIN, S., *Le Droit à la vulnérabilité. Manager les fragilités en entreprise*, Michalon, 2011.

d'humanité et la propension collective de se dépasser et s'améliorer. « Tous humains, tous égaux, tous confrontés aux mêmes constituants de notre humanité », pourrait être un message fédérateur.

POINT D'ATTENTION

Attention à ne pas s'évaluer et s'autoanalyser en permanence. Cela pourrait fragiliser à outrance et alourdir le système de travail de l'entreprise, avec des effets paralysants.

LES COMPORTEMENTS VIS-À-VIS DES AUTRES

Fiche 9

L'autonomie

VERBATIMS

« L'importance de définir un cadre culturel dans lesquelles les personnes prennent leur autonomie lorsqu'on leur donne la confiance. » Matthieu Leclercq

« Je donne ma confiance en la fondant sur l'autonomie des personnes… Je suis a priori *dans une démarche de confiance et de délégation. »* Jean-Baptiste Morin

POURQUOI

À la suite de la mode managériale de l'entreprise libérée qui n'a pas réellement convaincu, la question de l'autonomie reste posée et elle est cruciale dans le développement d'une relation de confiance entre un manager et son équipe[1]. Donner en effet aux personnes la capacité de décider d'un certain nombre de modalités de leur travail présuppose un lâcher-prise de la part du manager. Il est difficile ici d'identifier la cause et la conséquence : l'autonomie crée-t-elle la confiance ou la confiance est-elle à la source de l'autonomie ? La réponse à cette question n'est pas si importante puisque, indéniablement, autonomie et confiance sont intimement liées. Compte tenu des

---

1. VERRIER, G. & BOURGEOIS, N., *Faut-il libérer l'entreprise ? Confiance, responsabilité et autonomie au travail*, Dunod, 2016.

possibilités offertes aujourd'hui par les technologies digitales, comme on l'a vu au cours de la période du confinement de deux mois en 2020 pour faire face à la pandémie du coronavirus, l'autonomie est de plus en plus revendiquée par les collaborateurs qui, par voie de conséquence, rejettent en bloc le traditionnel mode de management « *command and control* ».

COMMENT

Le développement de l'autonomie des collaborateurs suppose tout d'abord de la part du manager d'accepter d'abandonner une partie de ses prérogatives associées à sa fonction de contrôle. C'est ensuite pour lui une nécessité de donner les moyens à son équipe pour pouvoir être autonome en élevant, d'une part, le niveau général des compétences par la formation et/ou l'apprentissage sur le terrain et en fournissant, d'autre part, des moyens techniques compatibles avec l'exercice de la mission. C'est enfin par une vraie reconnaissance des efforts accomplis par les collaborateurs autonomes que le manager pourra consolider la relation de confiance qu'il a établie avec eux. C'est le principe fondateur proposé par Pascal Demurger, DG de la MAIF, lors de la profonde transformation managériale de cette entreprise[1].

---

1. DEMURGER, P., *L'entreprise du XIXe siècle sera politique ou ne sera plus*, Éditions de l'Aube, 2019.

Point d'attention

Comme tout concept à la mode, l'autonomie court le risque d'une obsolescence rapide de sa pertinence dans l'entreprise, aussi faut-il être prudent dans son développement, qui ne s'improvise pas. Tous les individus ne recherchent pas forcément l'autonomie et la responsabilité. Il faut savoir repérer celles et ceux qui préfèrent une forme de management classique plus *top down*, car c'est aussi un moyen pour ces collaborateurs d'avoir confiance dans leur manager.

La bienveillance, créatrice de sécurité émotionnelle

VERBATIMS

« Il faut créer un climat de bienveillance qui passe par de l'écoute, de l'empathie, de l'émotion. Quelqu'un qui est froid, qui ne vous écoute pas, qui ne partage pas d'émotion, de ressenti, qui ne sait pas comprendre ce qui est difficile pour vous, empêche toute connexion… La culture de la bienveillance les met en confiance dès le début. » Damien Bon

« La bienveillance permet d'être un régulateur relationnel qui fait que la confiance humaine ne se casse pas pour un détail, permettant toujours l'ouverture au dialogue, la transmission des informations et que les choses clés soient dites. » Jérôme Stubler

« Confiance va de pair avec les mots "bienveillance" et "exigence". On peut faire confiance et être exigeant, ce n'est pas antinomique. » Stéphane Wilmotte

« La caractéristique commune des équipes qui réussissent, c'est la sérénité psychologique. » Laurent Choain

POURQUOI

La bienveillance sincère et authentique que l'on ressent à l'occasion d'une attention et d'un geste crée un confort[1].

---

1. CHAVANNE, P.-M. & TRUONG, O., *La Bienveillance en entreprise : utopie ou réalité ?*, Eyrolles, 2017.

Elle peut venir d'un chef, d'un collègue ou d'une relation. Elle crée immédiatement un sentiment de sécurité psychologique, repère de tranquillité d'esprit.

On épuise moins ses troupes à les impliquer pour un projet exaltant qui nécessite quelquefois une mobilisation entière et de la pression quant aux résultats qu'en les menaçant, en les admonestant, en les insécurisant. Dans ce cas, l'individu dépense une énergie psychique considérable à mettre en place un système de protection ou de contre-attaque et son attention est mobilisée à guetter les signaux émis par son environnement. À l'inverse, sécurisés, les collaborateurs expérimentent et occupent de nouveaux rôles et une culture de la confiance peut se développer.

Comment

Les sautes d'humeur des manageurs font vivre à leur entourage de grandes et pénibles incertitudes. Il s'agit par conséquent pour le manager de stabiliser l'expression de ses humeurs et d'éviter la surréaction, afin que ses collaborateurs n'aient pas peur de lui dire les choses telles qu'elles sont.

Au même titre, se désolidariser des décisions prises avec son équipe a un effet délétère sur la confiance : tout manager se doit de répondre des actions de ses N−1 face à ses supérieurs. Après que les prises de position ont été débattues avec les équipes, si le manager prend une décision, il serait incompréhensible de ne pas être solidaire de celle-ci et de ses collaborateurs. Leur montrer qu'ils sont « tous dans le même bateau », alignés et unis face aux difficultés crée de la sécurité émotionnelle et de la confiance[1].

POINT D'ATTENTION

De nombreux managers peuvent être volcaniques et se dégage alors un ressenti ambivalent d'inquiétude et de méfiance. La bienveillance implique une forme de constance dans ses humeurs et une régulation de ses émotions qui sont loin d'être naturelles. Elle nécessite du courage d'analyse et de se remettre en question. Se sentir en sécurité, c'est savoir que son chef sera d'humeur égale et portera un regard bienveillant autant que possible, créant ainsi de la sérénité.

---

1. CHAVANNE, P.-M., DESJACQUES, Y., & TRUONG, O., *Je manage avec bienveillance : le guide pratique*, Eyrolles, 2019.

L'écoute et la considération

VERBATIMS

« J'inspire confiance par l'écoute et la considération des personnes de mes équipes. » Stéphane Wilmotte

« Une première marque de confiance est lorsqu'on est à l'écoute de l'expérience passée. » Damien Bon

POURQUOI

L'écoute et la considération sont au cœur de la relation de confiance que l'on souhaite créer et développer avec les autres. Ces comportements témoignent du respect des personnes avec lesquelles nous sommes en interaction, que ce soit au sein d'une équipe ou plus globalement dans l'entreprise. On peut entendre sans écouter, on peut porter de l'attention sans considérer. L'exercice n'est pas facile, car il faut faire preuve d'un minimum d'empathie pour être authentiquement à l'écoute et donner de la considération aux autres qui, dans une logique de don/contre-don, vont s'engager dans une démarche de confiance[1]. Les pratiques d'écoute et de considération peuvent être généralisées sous la forme d'une mobilisation du collectif pour résoudre un problème crucial qui se pose à l'entreprise.

---

1. BLANC, Y., *Le Manager à l'écoute*, Dunod, 2003.

On pourra même parler d'une « sagesse des foules[1] » qui bien évidemment crée les conditions d'un climat de confiance entre les managers et les collaborateurs.

COMMENT

Pour écouter et donner de la considération, il faut d'abord, comme mentionné plus haut, savoir faire preuve d'empathie en reconnaissant les personnes par leur différence et leur singularité. Il faut ensuite savoir s'arrêter et prendre son temps en réservant aux personnes un moment privilégié sans se laisser distraire par nos joujoux numériques. Rien n'est plus désagréable, en effet, pour un collaborateur que de voir dans un entretien son manager un œil rivé sur lui et l'autre sur son portable pour surveiller des SMS ou ses e-mails ! Écouter et donner de la considération exige enfin du manager de savoir répondre aux attentes exprimées par des actions concrètes qui sont de sa responsabilité directe et, pour celles qui ne sont pas de son ressort, de s'engager à intervenir auprès des autres services de l'entreprise, notamment pour les petits irritants qui peuvent nuire à l'expérience du collaborateur. Lorsque ces pratiques sont respectées, alors une relation de confiance solide peut s'établir entre le manager et ses collaborateurs.

---

1. SERVAN-SCHREIBER, E., *Supercollectif, la nouvelle puissance de nos intelligences*, Fayard, 2018.

POINT D'ATTENTION

Un risque important de l'écoute et de la considération est lorsqu'elles sont feintes par le manager et ne se traduisent pas par des actions concrètes. Par ailleurs, si l'écoute et la considération ne se focalisent que sur des points secondaires pour les collaborateurs, alors le risque est important que ces derniers ne voient aucun intérêt à accorder leur confiance à un manager si peu disposé à les comprendre.

Le droit à l'erreur

Verbatims

« On explique à nos collaborateurs qu'ils ont le droit de faire des erreurs, parce que s'ils n'en font pas, ils ne sont pas entreprenants, ne se développent plus et ne font plus progresser l'entreprise. » Jérôme Stubler

« Il faut développer le courage et la résilience en brûlant ses vaisseaux : "fail, fail again, fail better". » Matthieu Leclercq

Pourquoi

L'entreprise a longtemps été conçue comme une machine à décider et à exécuter par la mise en place et le perfectionnement de ses organisations, ses processus, ses procédures et ses règles, dans une logique déterministe. Olivier Sibony[1] a démontré que « les entreprises se trompent toujours de la même manière, retombent sans cesse dans les mêmes pièges (biais cognitifs) ». C'est notamment pourquoi il est devenu essentiel que les managers d'entreprises insufflent et cultivent le « déplacement du regard » (le fameux « *think outside of the box* ») et développent, après une culture de la perfection et du contrôle, celle de l'autonomie et la participation des collaborateurs, *a fortiori* en

---

1. Sibony, O., *Vous allez commettre une terrible erreur !,* Flammarion, coll. « Clés des Champs », 2019.

contact avec les usagers et clients actuels ou futurs de l'entreprise (culture de l'entrepreneuriat, l'intrapreneuriat)[1].

COMMENT

Le manager doit favoriser chez ses collaborateurs la culture du tâtonnement, des boucles itératives de « l'essai et de l'apprentissage » (« *test and learn* »). Le collaborateur ou l'équipe conçoit une solution « basique », « frugale » à une problématique. Elle l'éprouve, la fait évoluer jusqu'à pouvoir considérer factuellement que la solution a rencontré son marché (adoption, viabilité, désirabilité). Ces approches peuvent se développer et se vivre au sein d'un incubateur d'entreprises ou externe, des plateaux mixtes, des factories et fab lab, en partenariat avec des start-up parfois. « Je te jette dans la piscine et quand tu commences à mal nager, je t'aide à bien nager », donne comme principe managérial Stéphane Wilmotte. Il est essentiel pour le collaborateur d'éprouver sa propre capacité à penser, à faire, pour l'aiguiser et l'affûter à l'épreuve de l'expérience. « Chaque épreuve, parce qu'elle nous confronte au réel, peut nous rendre plus lucide, plus combatif, plus vivant », développe le philosophe Charles Pépin[2]. Sans résistance, sans adversité, sans occasions de réfléchir ou rebondir que les ratés offrent, les collaborateurs ne peuvent s'accomplir et gagner en confiance. Les déconvenues amènent à être créatif, à réfléchir autrement, à forger sa conviction, à s'endurcir parfois. Mieux vaut échouer vite et se poser

---

1. METAIS-WIERSCH, E., AUTISSIER, D., & JOHNSON, K.J., *Du changement à la transformation*, Dunod, 2018.
2. PÉPIN, C., *Les Vertus de l'échec*, Allary éditions, 2016.

les vraies questions que réussir sans comprendre pourquoi : les progrès seront ensuite plus rapides (« *fail fast, learn fast* »).

POINT D'ATTENTION

Attention à ne pas « tout libérer » d'un coup ! Il s'agit en premier lieu de permettre aux collaborateurs d'être en charge du « quoi » et du « comment », c'est-à-dire de l'objet solution et de la méthode pour arriver au résultat, dans le respect d'un cadre de jeu fixé. Il est par ailleurs essentiel que le manager incarne et applique lui-même le droit à l'expérimentation.

L'honnêteté et le discours de vérité

VERBATIMS

« […], la seconde, c'est l'honnêteté, c'est-à-dire qu'il faut être à la fois transparent et puis il faut être honnête, quel que soit je dirais le prix de l'honnêteté. Cela permet déjà d'avoir un niveau de dialogue au fond sur les choses. » Olivier Storch

« La confiance, c'est l'idée de se dire que l'on peut "dialoguer en vérité", que l'on peut faire part de ses difficultés, de ses souhaits, de ses désirs, en vérité avec les gens avec lesquels on travaille. » Jean-Baptiste Morin

POURQUOI

Les cultures d'entreprise fortes se caractérisent par une parole libre et vraie. Des relations de confiance peuvent alors s'établir entre les individus. Mais être honnête est coûteux. On préfère se taire plutôt que de voir le collègue avec qui l'on partage son bureau prendre mal les choses. Une culture de la vérité et de l'honnêteté est donc un véritable enjeu pour les entreprises, qui font face à la complexité de leurs propres organisations et des contraintes externes, concurrentielles, actionnariales. Dans ce contexte, tous les points de vue sont importants, et le respect de la vérité devient la vertu cardinale à promouvoir. Cela implique de dire les choses telles qu'elles sont, à reconnaître ses actes ou ses responsabilités sans chercher à cacher ses erreurs ou ses maladresses. Être honnête nécessite du courage, pour paraphraser Michel Foucault[1], car quand la vérité est rugueuse, chacun prend le risque de fragiliser les liens qu'il a avec les autres.

COMMENT

« En amour, l'hypocrisie n'a pas de place. La vérité doit être dite, même si elle blesse[2] », écrit Tahar Ben Jelloun. Si nous pensons que toute vérité est bonne à dire, le moment doit cependant être choisi. Il serait irresponsable d'imaginer tout dire à tout le monde et à tout moment. Il convient de respecter les individus dans leur capacité à accueillir la vérité au moment opportun. Il convient également pour chacun de travailler sur sa manière de dire les choses. C'est à cette unique condition que notre vérité peut avoir une chance d'être reçue pour ce qu'elle est. Il convient de parler des comportements et de ne pas juger la personne. La vérité ne touche l'autre positivement que si l'on prend des précautions pour la dire. Il faut donc créer ces moments propices à l'émergence et au partage de la vérité. Nous ne plaidons pas pour un monde de transparence permanente. Cela serait inapplicable et invivable, et pas seulement en entreprise. Mais nous pensons que les managers doivent trouver un équilibre entre la vérité qui peut être dite et ce qui doit rester confidentiel.

---

1. FOUCAULT, M., *Le Courage de la vérité. Le gouvernement de soi et des autres*, Gallimard, HESS, Seuil, coll. « Hautes Études », 1984.
2. BEN JELLOUN, T., *Les Yeux baissés*, Points, 1991.

POINT D'ATTENTION

L'honnêteté et le discours de vérité ne doivent pas être feints par le manager vis-à-vis de ses collaborateurs, faute de quoi le capital confiance, toujours long à construire, risque d'être détruit instantanément. Il y va de la crédibilité du manager et de son autorité sur son équipe.

Le feedback

VERBATIMS

« Je fais beaucoup de feedback ; je ne pense pas souhaitable que quelqu'un qui travaille avec moi ne sache pas ce que je pense de lui… pour créer la confiance, mes collaborateurs savent ce que je pense d'eux, il n'y a pas d'ambiguïté, pas de mystère. » Diane Abrahams

« On crée de la confiance dans un collectif… en donnant par exemple du feedback qui permet d'entretenir la petite flamme. » Laurent Choain

POURQUOI

La pratique du feedback est déjà ancienne, notamment depuis la mise en place dans les années 1970 de la direction participative par objectif (DPO), mais elle a été revigorée ces dernières années par le mouvement de remise en cause de l'entretien de performance[1] qui insiste beaucoup plus sur la nécessité de donner un feedback régulier à des collaborateurs de plus en plus impatients de connaître l'évaluation de leurs performances. Dans cette perspective, il est facile de comprendre que des feedbacks réguliers bien menés par le manager sont susceptibles de

---

1. CULBERT, S. & ROUT, L., *Get Rid of the Performance Review*, Business Plus Imports, 2010.

construire progressivement une relation de confiance durable avec les collaborateurs et cela d'autant plus que les feedbacks portent, au-delà de l'évaluation de la performance, sur les possibilités de développement des personnes. Ce qui est en jeu ici est la mise en œuvre d'une relation d'adulte à adulte de plus en plus revendiquée par les jeunes collaborateurs qui n'hésitent pas à communiquer leur expérience de travail entre eux sur les réseaux sociaux comme Facebook en évaluant eux-mêmes leurs managers.

Comment

La première condition pour un feedback réussi est de s'intéresser à l'autre en faisant preuve d'une véritable intelligence émotionnelle permettant de mieux comprendre la personne, et pas seulement l'atteinte ou non de ses résultats[1]. Une autre condition est évidemment de prendre le temps de l'écoute du collaborateur pour être en mesure de lui donner un retour authentique et pertinent. Une troisième condition est de s'appuyer néanmoins sur une méthode d'évaluation, souvent construite et mise en œuvre par la fonction RH, pour assurer une équité des feedbacks entre les managers et les collaborateurs, faute de quoi on risque d'observer l'impact de plus en plus négatif de biais cognitifs sur les décisions d'évaluation[2]. Si ces trois conditions sont respectées, on peut espérer qu'un

---

1. Tardieu, L. & Noyé, D., *Donnez et obtenez du feedback*, Eyrolles, coll. « Basic », 2019.
2. Sibony, O., *Vous allez commettre une terrible erreur !*, Flammarion, coll. « Clés des Champs », 2018.

climat de confiance assez solide entre le manager et ses collaborateurs puisse s'instaurer de façon pérenne.

POINT D'ATTENTION

La pratique du feedback est une expérience humaine entre deux individus, ce n'est pas un process de plus inventé par des DRH. L'un des risques majeurs de cette pratique par rapport à la confiance est qu'elle ne soit pas réellement appropriée par le manager qui conduira, certes formellement, un feedback, mais restera dans sa zone de confort pour éviter une éventuelle confrontation.

Prendre le temps

VERBATIMS

« Prendre le temps de s'arrêter pour noter ce qu'on a fait pour reprendre confiance dans sa capacité à faire. » Diane Abrahams

« Le temps devient vraiment un des enjeux principaux dans cette question de la confiance. » Ronan Le Moal

POURQUOI

La dimension du temps est cruciale dans la construction de la confiance entre le manager et son équipe. À l'heure de la révolution digitale où tout va de plus en plus vite, il est temps de prendre son temps lorsqu'on cherche à établir une relation avec d'autres dans laquelle le lâcher-prise est un facteur clé de succès. Comme le montre Bruno Mettling[1], une véritable dynamique de la confiance ne peut en effet s'instaurer que si le manager témoigne de la considération en passant du temps à écouter, à comprendre et à faire preuve d'empathie avant de décider d'actions visibles par son équipe.

---

1. METTLING, B., *Retrouver le temps pertinent*, Nouveaux Débats publics, 2014.

À l'inverse, dans les situations où l'urgence est érigée en un véritable culte[1], il semble impossible de construire durablement une relation de confiance : l'imprévisibilité devient une source de stress important pour le manager et son équipe sans qu'il leur soit possible de prendre du recul par rapport à la situation.

COMMENT

Prendre du temps suppose d'abord de la part du manager de savoir faire la différence entre l'urgent et important. Or, la construction d'une relation de confiance avec son équipe nécessite pour le manager de la considérer comme importante en commençant par une phase d'écoute, surtout lorsque l'équipe et le contexte sont nouveaux. Il est essentiel en effet de pouvoir capter tôt les signaux faibles qui vont être déterminants pour la réussite de la relation de confiance entre le manager et son équipe. Après la phase d'écoute vient celle de la compréhension véritable des attentes des différentes personnes constituant l'équipe pour identifier les leviers sur lesquels sera bâtie la relation de confiance, démontrant ainsi une véritable capacité d'empathie. Et c'est enfin dans les actions décidées et mises en œuvre par le manager que peut se juger la solidité de la relation de confiance avec son équipe. En aucun cas, le manager ne doit se hâter car le temps est son allié.

---

1. AUBERT, N., *Le Culte de l'urgence. La société malade du temps*, Flammarion, coll. « Champs Essais », 2018.

POINT D'ATTENTION

Prendre son temps peut être perçu par certains comme de l'indécision, voire de l'attentisme surtout dans des contextes qui demandent de plus en plus d'agilité de la part des individus et des organisations. Il est alors nécessaire de montrer que le temps pris pour écouter, comprendre, faire preuve d'empathie avant de décider est autant de temps gagné pour construire la relation de confiance.

Fiche 16

Rassurer face à l'incertitude

VERBATIMS

« Un manager crée la confiance en étant prévisible autant que faire se peut. » François Dupuy

« La définition d'un contrat et d'objectifs clairs permet de diminuer l'angoisse et l'incertitude. Elles naissent du fait qu'on n'a pas des objectifs clairs, qu'on n'a pas une vision pour l'entreprise, etc. » Damien Bon

POURQUOI

Les collaborateurs en entreprise ont besoin pour être en confiance de se sentir en sécurité et de comprendre le système dans lequel ils évoluent – qu'il leur soit lisible. La mondialisation, les époques de croissances par acquisitions et les scandales et crises que le monde économique a connus, ont créé un sentiment de précarité chez les salariés qui ont vu s'enchaîner des plans de restructuration, des plans sociaux dans les entreprises, mais aussi des faillites, des disparitions. Les révolutions technologiques se rapprochent et s'intensifient, les rotations managériales se multiplient. On parle de monde VICA[1] : le monde actuel est volatil, incertain, complexe et ambigu. Le temps s'accélère et l'entreprise doit développer sa capacité à se

---

1. Voir à ce propos le chapitre 5.

transformer (avec le digital actuellement, mais pas seulement) pour pouvoir s'adapter au monde en mouvement perpétuel dans lequel nous sommes entrés. Avant, le métier de l'entreprise nous semblait stable, durable et constant. Aujourd'hui, l'entreprise innove et change en permanence, multiplie ses activités, en essaye certaines, en abandonne d'autres. Et au milieu de tout cela, le salarié se croit obsolète et dépassé par les nouveaux référentiels de compétences et de métiers qui émergent.

COMMENT

En dehors de la prévisibilité et de la transparence évoquées dans deux autres fiches pratiques, le manager de proximité peut stabiliser et rassurer ses équipes, les maintenir engagées, en relayant et en incarnant une raison d'être, un cap stratégique, une vision de direction générale qui soit inspirante et signifiante pour les collaborateurs, appréhensibles en tant qu'individus. Cela tient à une formulation appropriée, dans le bon niveau de langage et de hauteur de vue. Il est important de rassurer sur le fait qu'à destination, les collaborateurs de l'entreprise auront eux aussi acquis par le biais de formations, d'expériences de travail (modalités) et de projets vécus, des compétences et expériences leur garantissant, si ce n'est leur pérennité dans l'entreprise, du moins leur employabilité sur le marché. L'ancrage et l'historique de l'entreprise, sa mémoire sont également à valoriser (savoir d'où l'on vient)[1].

---

1. DARRIEUMERLOU, S. & JASPARD-DARRIEUMERLOU, L., *Osez la transformation permanente. Comment réinventer l'entreprise*, Activate Innovation, 2018.

Point d'attention

Le manager doit être authentique dans sa capacité à rassurer en démontrant dans les petits actes quotidiens visibles de son équipe qu'il est un îlot de stabilité dans un océan d'incertitude.

La réciprocité

VERBATIMS

« Des processus de don/contre-don, de constructions symboliques du type "nous formons une vraie équipe" ou d'affrontements destructeurs peuvent se développer. » Roland Reitter

« Recevoir de la gratitude et des remerciements de son manager est très bon pour la confiance des collaborateurs, surtout à distance des périodes d'évaluation. Le soir dans ma voiture, je repense aux succès de mes collaborateurs, nos succès collectifs. » Ingrid Robil

POURQUOI

La confiance entre managers et collaborateurs se construit et s'entretient par le principe de réciprocité, que l'économiste Karl Polanyi[1] met en avant comme « véritable fondement de l'économie, facilité par le modèle institutionnel de la symétrie ». Pour un collaborateur, il est très motivant et engageant de ne pas se sentir lésé et aliéné par une asymétrie managériale ordonnatrice et écrasante, tenant aux systèmes managériaux culturellement « descendants », de type « *command and control* ».

---

1. POLANYI, K., *La Grande Transformation,* Gallimard, 2009.

Comment

L'anthropologue Marcel Mauss[1] analysait en 1925 que « donner, recevoir et rendre » est le triptyque fondamental dans les organisations humaines. Pour qu'il soit en confiance, il est essentiel que le collaborateur puisse matérialiser son propre résultat à ses yeux et aux yeux de son évaluateur hiérarchique et du système de reconnaissance horizontal (rétribution, sentiment de valeur, appartenance au groupe).

Pour le manager, il s'agit de demander sans exiger (sortir de la dyade archaïque donneur d'ordres-exécutant) et reconnaître les salariés comme des donateurs. Il faudra s'exercer à ce regard et cette attitude (votre nouveau « mantra »). Pour détecter et faire expliciter les dons ou apports des collaborateurs, une grande attention managériale est requise. À vous de trouver l'outil, le format (individuel, collectif) et le moment qui vous conviennent le mieux. Il s'agit par ailleurs de s'exercer à repérer les succès produits et les mettre en lien avec les contributions pour pouvoir reconnaître et valoriser. Le manager exercera sa capacité à recevoir et à ressentir de la gratitude. Il peut utiliser cette formule « quelle chance j'ai que nous ayons abouti à ce résultat, grâce à telle contribution d'Untel… ». Il remerciera ensuite la ou les personnes de l'équipe par une communication spontanée et authentique, ou lors d'un moment rituel de la semaine (bilan)… Exprimer nommément et publiquement que vous n'auriez pu aboutir à cette étape sans la contribution des collaborateurs leur permet de vous percevoir comme humble, reconnaissant et solidarisé avec eux.

---

1. Mauss, M., *Essai sur le don*, PUF, 1925.

POINT D'ATTENTION

L'échange équivalent ne doit pas s'envisager par le manager comme une attente de contribution égale. Gardez en tête que chacun contribue à hauteur de ses compétences, de son cadre contractuel et salarial, et de niveau de responsabilité. « Chacun à sa mesure. » Tirez de manière équilibrée et alternée sur les leviers de la reconnaissance individuelle et collective pour instaurer un climat sainement compétitif au sein de votre entité.

La reconnaissance

VERBATIMS

« La confiance après l'élan, c'est le geste d'après qui a passé l'épreuve du feu… un encouragement alors que la situation n'est pas très bonne mais tu as vu l'effort. Tu les inspires parce que tu leur témoignes de la reconnaissance. » Paul-Ambroise Archambeaud

« La confiance dans le collectif repose par ailleurs sur le partage d'expériences, la reconnaissance entre les personnes de l'entreprise. » Stéphane Wilmotte

POURQUOI

La reconnaissance témoigne, par des gestes du quotidien, de ce qui nous unit dans un collectif. Elle est sans doute l'un des moteurs principaux de l'engagement au sein d'une entreprise et, par voie de conséquence, de la confiance. L'erreur est de penser qu'en accordant davantage d'argent, de compensations monétaires, on parviendra à toucher le « supplément d'âme » qui fait qu'un individu donne le meilleur de lui-même. Réduire un collaborateur à une dimension mécaniste où il ne fait que maximiser son utilité économique est un fantasme qui découle d'une volonté de maîtriser les hommes comme nous voulons maîtriser le réel. C'est là une vision limitée de la complexité humaine : les femmes et les hommes travaillent aussi et surtout pour les liens qui les unissent à d'autres. On comprend alors que faire preuve de reconnaissance dans le monde du travail est le premier geste managérial promoteur de confiance.

COMMENT

Donner de la reconnaissance consiste à montrer que les réalisations des collaborateurs dans leurs missions, leurs pratiques de travail et leur univers personnel sont appréciés à leur juste valeur[1]. Et cela à trois niveaux :

- le premier est la reconnaissance de l'individu en tant que personne et qu'être humain avec son intelligence, ses sentiments et son expertise[2] ;

- le deuxième est relatif aux processus de travail, avec d'une part la reconnaissance de l'investissement, de l'énergie déployée, de l'engagement même si les résultats ne sont pas toujours atteints ; et d'autre part, celle des compétences techniques et comportementales qui ont été mobilisées par le salarié ;

- enfin, le troisième niveau tient à la reconnaissance des résultats obtenus.

Concrètement, le manager peut, tout d'abord, remercier en disant pourquoi il remercie. Il peut ensuite exprimer sa gratitude et valoriser ses collaborateurs en faisant connaître leurs réalisations.

---

1. BRUN, J.P. & DUGAS, N., *Les 4 Formes de la reconnaissance au travail*, Université Laval, CGSST, 2002.
2. FIOL, F., TANNEAU, C., DELAHAIE, P. & BONNEFOUS, A.-M., *L'Intelligence situationnelle*, Eyrolles, 2017.

POINT D'ATTENTION

La reconnaissance doit être authentique et correspondre à une vraie démarche du manager vis-à-vis de ses collaborateurs, faute de quoi il risque d'avoir des retours très négatifs, notamment sur les réseaux sociaux internes et externes. Les formes de reconnaissance doivent être adaptées à la situation qui tienne réellement compte des opportunités et contraintes locales pour construire la confiance avec l'équipe.

Soutenir et croire

Verbatims

« Je soutiens mes collaborateurs en les encourageant dans les phases de doute. Je leur dis : "Je pense que tu en es capable, essaye, à toi de voir". » Ingrid Robil

« Il y a une chose extrêmement importante, c'est le soutien du manager. Le chef ne se désolidarise pas de son collaborateur devant ses propres chefs. » Jean-Baptiste Morin

Pourquoi

Le soutien managérial est le premier levier d'engagement. Un collaborateur qui se ressent soutenu et cru par son manager considère recevoir des témoignages et des preuves tangibles de confiance. Il se sent « validé » dans sa compétence et sa capacité professionnelle, considéré et reconnu pour celles-ci par son manager. Il considère qu'il est perçu comme sachant, référent sur son sujet ou périmètre, et respecté pour son expérience et expertise. Il se sent de facto valable, utile et crédible. Cela conforte si besoin sa confiance en lui-même. Cela développe ou accroît dans tous les cas sa confiance en son manager (si toutefois l'attitude managériale est authentique, sincère et constante, et qu'elle n'est pas invalidée par des contre-signes, actes ou propos directs de son manager ou rapportés par d'autres collègues).

Comment

François Dupuy, sociologue des organisations, observe que « pour être effectif, l'engagement suppose le soutien concret de la hiérarchie, donc la création d'un contexte favorable[1] ».

Être non seulement entendu mais cru par son manager, et supporté vis-à-vis de tiers de l'entreprise, clients ou partenaires commerciaux, revient à entendre de la part de son chef devant caution externe :

- « Je m'en remets à toi, à ton jugement de professionnel compétent dans ton domaine de responsabilité et d'action. »

- « Je ne me substitue pas à toi, je ne me présente ou ne m'affiche pas comme omnipotent ou omniscient vis-à-vis du reste de l'entreprise, et d'autant plus aux yeux mêmes de la hiérarchie du manager, le comité de direction de l'entreprise, même dans le challenge et la controverse de ces tierces personnes. »

- « On fait équipe, on fait bloc, tu n'es pas un subalterne qui agit dans l'ombre et derrière moi, je ne m'approprie pas tes travaux, je te mets en valeur et soutiens les travaux que tu présentes et que nous avons préalablement revus ensemble. »

Aussi s'agit-il de citer nommément le collaborateur à l'origine des travaux ou le laisser présenter, agir sur ce qui relève de son périmètre et valoriser son travail sur les aspects positifs. Soutenir devant un tiers le travail et le professionnalisme du collaborateur en étant capable, sinon de le suppléer, d'opérer une médiation efficace et

---

1. Dupuy F., *La Faillite de la pensée managériale*, Seuil, 2015.

par exemple une proposition de retour complémentaire différé, etc. Il s'agit d'utiliser des formulations et expressions du registre de la confiance dans les propos et avis du collaborateur, et du soutien… Et ne pas invalider ce qui peut être dit.

POINT D'ATTENTION

Opérez des réactualisations régulières, une fois ne suffit pas. Ne soyez toutefois pas laudatif en permanence, conservez les suggestions d'amélioration.

LES COMPORTEMENTS VIS-À-VIS DES ÉQUIPES

L'équité et la justice

VERBATIMS

« Pour créer de la confiance, le premier critère, à mon avis, c'est de traiter chacun de manière juste et équitable. » Olivier Storch

« Ça ne me dérange pas de me dire le soir à table : "Ils vont râler sur leur chef"… Tant que ce que je fais est équitable de leur point de vue. » Diane Abrahams

POURQUOI

Les notions d'équité et de justice sont anciennes, puisque les travaux en psychologie sociale dans les années 1960 mettaient déjà en avant ces facteurs comme particulièrement importants pour renforcer la motivation[1]. Dans une perspective similaire, des pratiques managériales équitables et justes sont susceptibles d'être des leviers forts de création et de renforcement de la confiance entre un manager et son équipe[2].

Les jeunes générations sont particulièrement sensibles à ces questions d'équité et de justice car, pour elles, l'égalité de traitement n'est pas satisfaisante puisque la reconnaissance

---

1. PERETTI J.M., *Les Clés de l'équité dans l'entreprise*, Éditions d'Organisation, 2004.
2. PETITBON, F., REYNAUD, A. & HECKMANN, H., *Restaurer la confiance dans l'entreprise*, Dunod, 2010.

obtenue doit être en rapport avec les efforts fournis. La relation de confiance avec les collaborateurs appartenant aux générations les plus jeunes ne peut en effet s'établir avec leur manager que s'ils retrouvent un retour, financier ou non, sur leur investissement dans l'entreprise qui est réel mais toujours temporaire. Faute de quoi ils voteront avec leurs pieds, en donnant leur démission, exprimant leur manque de confiance envers leur manager et plus généralement l'entreprise.

COMMENT

Être équitable et juste n'est pas chose aisée tant la perception par les collaborateurs des décisions du manager est éminemment subjective : le rapport entre contribution et rétribution ne s'appuie pas toujours sur des éléments tangibles et pourtant, il faut essayer d'être le plus équitable et le plus juste possible pour créer et pérenniser la confiance. Heureusement, des dispositifs existent, en général créés et développés par la fonction RH, pour permettre au manager d'être équitable et juste. On peut citer, entre autres, les entretiens de performance, aujourd'hui critiqués, les pratiques régulières de feedback, et les entretiens professionnels. De plus, les règles d'attribution de la rétribution doivent être clairement communiquées aux collaborateurs, à charge pour le manager de les appliquer. Mais c'est en définitive dans le système des valeurs de l'entreprise que l'équité et la justice peuvent trouver leur place pour en faire un des éléments clés d'un modèle managérial basé sur la confiance.

POINT D'ATTENTION

Compte tenu de la nature éminemment subjective de la perception d'équité et de justice, le manager peut s'attendre à des critiques, voire à des remises en cause de certaines de ses décisions – et même de sa légitimité. Par ailleurs, la révolution digitale a amplifié considérablement le phénomène de comparaison sociale puisque tout se sait sur tout. Manager avec équité et justice devient un vrai défi dans un monde plus transparent.

La parole partagée

« Il faut laisser des espaces de dialogue et des espaces pour que les personnes puissent en confiance exprimer leurs difficultés, leurs problèmes et sentir qu'elles ont en leur manager quelqu'un qui peut les aider, qui ne les laisse pas tomber. » Jean-Baptiste Morin

« Cela suppose un échange entre manager et collaborateur, qui permette de comprendre les raisons de l'erreur et de réfléchir à comment ne plus la faire. Quand il y a des erreurs on débriefe et on regarde ensemble. Il faut créer un cadre de jeu, et un cadre de dialogue. » Stéphane Wilmotte

POURQUOI

S'enrichir des points de vue des autres et échanger est la seule manière de voir le réel dans sa complexité. Pouvoir donner son point de vue et être pris en considération devient un impératif catégorique pour la nouvelle génération qui a grandi dans la culture Internet où chacun est invité à donner son avis en permanence.

La parole libre a de nombreuses vertus si elle est canalisée et ne donne pas lieu à des excès d'agressivité verbale. Elle permet de comprendre le point de vue de l'autre et d'avoir une vue clarifiée des enjeux en présence. Les managers, s'ils prêtent attention à libérer et à écouter la parole de leurs collaborateurs, pourront prendre en considération ceux qui devront vivre avec les conséquences de leurs décisions. Pour Henry Mintzberg[1], le « management distribué » a pour préambule l'expression libre de la parole de chacun. Les bénéfices sont immenses ; en examinant les arguments de chacun, le manager peut décider de ce qui lui paraît le mieux, en toute connaissance de cause, même si cela revient à aller contre l'avis d'un collègue. Il fera donc en conscience. Cette prise en compte de l'expression de la parole permet de faire diminuer les tensions.

COMMENT

Le premier geste est de prôner explicitement la liberté de parole dans son équipe. Il convient de poser quelques règles en réunion pour éviter une timidité excessive de certains ou la prise en otage de l'attention par les plus « forts en gueule ». Chacun doit s'engager à respecter la parole des autres, sans jugement hâtif ni critique péremptoire, afin d'encourager les débats.

Certains manqueront encore trop de confiance en eux pour aborder un sujet préoccupant en réunion ou même pour prendre rendez-vous en tête à tête. C'est pourquoi il est utile de provoquer ces moments d'échange avec chacun de ses collaborateurs, quitte à les sacraliser régulièrement dans l'agenda.

---

1. MINTZBERG, H., *Manager. L'essentiel : ce que font vraiment les managers… et ce qu'ils pourraient faire mieux*, Vuibert, 2014.

Point d'attention

Sanctionner la parole quand elle ne s'aligne pas avec celle du supérieur est le pire bloqueur de tout échange : intimider, rabaisser suite à une remarque, avoir un jugement péremptoire annihile toute velléité de prise de parole. Quand les temps sont durs, quand la crise pointe, la tentation de contrôle et de vérification prend hélas le dessus sur le dialogue et l'explication, appauvrissant les échanges au détriment de la santé et de la résolution collective d'irritants dans le fonctionnement des organisations.

Les malentendus

VERBATIM

« Vous allez voir deux personnes et vous dites à l'une que l'autre dit du mal de son travail, qu'il n'est pas bien fait, et vous passez le même message de médisance de l'autre côté. Vous pouvez être sûr qu'il y aura des conflits dans la semaine qui suit. C'est beaucoup plus facile de détruire la confiance que de la créer. »
Carmen Munoz-Dormoy

POURQUOI

La discorde naît parce que les gens n'ont pas les mêmes points de vue, les mêmes intérêts. Qu'il est triste que ces discordes arrivent parce que la lecture des événements est subjective ! Les malentendus sont un venin et mettent en danger des relations de travail[1]. Ils sont légion dans un monde où les susceptibilités sont exacerbées. La raison des malentendus tient souvent à la divergence d'interprétation du réel. Ils naissent quand les actions d'une personne sont mal interprétées par son interlocuteur ou parce qu'elles atteignent un point de vulnérabilité chez ce dernier. Les malentendus sont regrettables, car ils peuvent être les symptômes d'une culture où règne la méfiance.

---

1. POITRAS, J., MOISAN, F., & PRONOVOST, S., *Gestion des conflits au travail : mythes et meilleures pratiques*, Les Éditions Québec-Livres, 2018.

Ils sont en tout cas d'excellents tueurs de confiance et de coopération.

Il existe mille et une façons d'interpréter une action, un geste, un comportement, en particulier quand une information est manquante, floue ou partielle, car notre esprit a tendance à compenser et à reconstituer les détails manquants – dans un sens en général plutôt négatif.

Comment

Face aux malentendus, rien de mieux que de créer un climat où la parole est libre et où les choses peuvent être dites. Dans le malentendu, c'est le fait de ne pas connaître le point de vue de l'autre qui nous permet d'attribuer des significations erronées à son comportement. La solution semble simple. Elle tient à rendre plus lisibles ses comportements en connaissant le point de vue de l'autre, son état d'esprit, sa position pour ne pas donner lieu à interprétation… Ce n'est finalement pas si aisé.

Il convient sans doute tout d'abord de sensibiliser l'équipe aux pièges qui existent et qui sont liés aux interprétations erronées qui conduisent aux malentendus[1]. Une fois cette sensibilisation faite, il convient de poser ensemble des règles du jeu sur la manière d'éviter les malentendus et les comportements à avoir quand on découvre un malentendu. À titre d'exemple, une équipe pourra convenir d'un code de conduite et de comportement qui deviendra un repère dans les échanges. Poser le principe de tolérance et de bienveillance dans les relations au sein d'une

---

1. CSP, Febo, A., *Les 5 clés pour gérer les conflits au travail*, Dunod, 2015.

équipe favorise clairement l'expression libre pour que soient posés les divergences et les risques de malentendus.

POINT D'ATTENTION

Prenez garde notamment aux e-mails. Ils sont connus pour abîmer les relations. Quand on échange des e-mails sous le coup de l'empressement ou du stress, on a tendance à oublier d'y mettre les formes (formule de courtoisie, remerciement…), voire à faire apparaître un certain énervement à travers l'utilisation exagérée d'une ponctuation forte ou de lettres capitales. On regrette parfois d'avoir envoyé un message trop direct sans avoir pris le temps de l'analyse de la situation.

Les règles du jeu et de fonctionnement

VERBATIMS

« Dans le collectif, je suis très explicite et très carrée sur les règles de fonctionnement auxquelles je tiens, je leur demande leur avis, et du coup le cadre dans lequel on évolue est connu, quitte à ce qu'il soit ajusté, mais il est explicite. » Diane Abrahams

« Les règles du jeu, qui définissent ce qui est acceptable et ce qui ne l'est pas au sein d'un collectif de travail ou autre, nous renvoient à nouveau à la notion de prévisibilité. Ces règles du jeu doivent être élaborées par les acteurs eux-mêmes, qui vont tracer les limites au-delà desquelles la confiance est rompue entre un ou plusieurs membres de ce collectif, ce qui entraînera, d'une façon ou d'une autre leur exclusion de ce collectif. » François Dupuy

POURQUOI

La clarté de la structure et de l'organisation est la première étape pour créer un collectif où il fait bon travailler et également permettre à chacun d'avoir une lisibilité des rôles[1]. C'est le préalable, mais ce n'est pas suffisant pour que se développe la confiance entre les membres d'une équipe.

---

1. GARRETTE, B. *et al.*, *Strategor. Toute la stratégie d'entreprise,* Dunod, 2019, 8ᵉ éd.

La seconde étape tient à ce que chacun sache ce qui est autorisé et ce qui ne l'est pas, tant sur le plan des marges de manœuvre individuelles que des comportements conformes à la culture du groupe et de l'équipe, communément appelés « code de conduite ». Souvent des malentendus, des tensions naissent car les règles de vie en commun et de fonctionnement n'ont pas été explicitées. Les conditions d'entraide sont d'autant facilitées si les choses sont dites en vérité et si le processus de création des règles a été fait en associant les membres de l'équipe.

COMMENT

Le premier travail du manager est de faire ce travail de clarification avec les équipes. Il s'agit dans un premier temps que le manager soit clair sur ses besoins et les besoins de ses équipes en termes de règles de fonctionnement, et de prendre le recul nécessaire pour interroger ces derniers. Il s'agit d'amener l'équipe à une réflexion globale sur son rôle dans l'entreprise : sa raison d'être ou sa mission, ses ambitions, le sens de son action collective[1]… et les indicateurs de performance qui sous-tendent leurs réalisations ainsi que les valeurs de leur entité. Une fois les valeurs formalisées, il s'agit de les décliner en comportements clés. Une fois ce travail effectué, il convient d'encourager les collaborateurs à explorer les points forts et les améliorations à apporter dans le fonctionnement et le quotidien de l'équipe (d'un point de vue des processus, des modes de collaboration, des relations hiérarchiques, etc.). Plus l'ensemble des règles sera connu, partagé et recréé, plus

---

1. BAROIN, D. & GATEAU, D., *La Révolution des organisations*, Pearson, 2019.

chacun sera au fait des « *do's and don't* ». Enfin, il convient régulièrement de redonner la parole aux équipes et d'adapter les règles du jeu et les règles de vie communes afin de les faire vivre.

POINT D'ATTENTION

Les organisations sont complexes et il est très aisé de nuire à un collègue et de semer la discorde et le discrédit quand des règles de fonctionnement n'ont pas été posées en amont. Sans ces règles explicitement posées, on crée potentiellement de l'insécurité, car les collaborateurs ne savent pas ce qui est autorisé et ce qui ne l'est pas.

Fiche 24

La régulation autonome (ou créer des moments de fraternité et des objectifs communs)

VERBATIMS

« Pour créer de la confiance, il faut un cadre commun, un socle de valeurs partagé. Il faut poser les " lignes rouges" à ne pas franchir. » Carmen Munoz-Dormoy

« La confiance repose sur des projets communs, des objectifs communs. Cela favorise l'entraide et la confiance. Nos objectifs annuels sont travaillés en commun par le biais d'une vision, d'une stratégie et d'actions. » Stéphane Wilmotte

POURQUOI

L'entreprise est un lieu de socialisation et de construction identitaire. Les économistes Akerlof et Kranton[1] ont établi que les organisations qui mettent l'accent sur la culture et l'autonomie obtiennent une motivation extraordinaire. Une culture d'entreprise forte provoque l'adhésion, l'identification des collaborateurs à la raison d'être et au projet de l'entreprise, et leur permet d'ensemble marcher

---

1. AKERLOF, G. A. & KRANTON, R. E., « Identity and the Economics of Organization », *Journal of Economic Perspective*, vol. 19 (1), hiver 2005, p. 9-32.

d'un même pas vers un même objectif. L'approche est pluraliste. Nous sommes ici au stade « vert » de la classification de F. Laloux[1], celui dont la métaphore est la famille, l'association ou la coopérative (telles les ONG, les entreprises familiales). Il succède à l'ère des entreprises « orange », « mécaniques » et « capitalistes », visant la réussite, comparables à des « machines techniques et processisées », et fondées sur une culture de la méritocratie et des primes individuelles.

COMMENT

Les collaborateurs veulent pouvoir s'envisager comme partie intégrante d'une fratrie, d'une communauté, d'une « tribu » dont les contours ou cadres (chartes) et objectifs sont clairement définis sans cependant être définitifs et statiques (ils évoluent de manière consensuelle et collégiale). Par définition, la fraternité, c'est un état d'unité, entre plusieurs personnes. C'est un sentiment qui dépasse l'ego, qui rassemble plusieurs « moi » pour faire un « nous ». En tant que manager, soyez authentiquement ouvert et soucieux des individus de votre équipe et témoignez-en. L'équipe en fera ensuite naturellement de même. Muni des objectifs qui ont été assignés à votre département, organisez la définition et la fixation des objectifs collectifs avec les personnes de votre équipe. Organisez ensuite à échéance régulière des étapes de partage ritualisées au niveau de votre équipe, permettant de faire état des étapes franchies, des difficultés ou « irritants » rencontrés sur les projets, qui peuvent être bloquants et menacer l'atteinte des objectifs

---

1. LALOUX F., *Reinventing Organizations*, Diateino, 2015.

fixés. Vous observerez que les comportements des personnes se solidarisent et s'autorégulent : les collaborateurs
en avance sur les objectifs proposent d'aider sur les projets
qui en ont besoin, et des solutions aux points de blocage apparaissent. Par ailleurs, les succès obtenus donnent
collectivement confiance. Par le biais de ces moments,
chacun pourra s'ouvrir à l'altérité et aux ressources que
chacun peut apporter au projet commun.

POINT D'ATTENTION

Pour que cette approche fonctionne, il est essentiel qu'un
cadre de jeu ou d'action soit fixé et qu'un socle de valeurs
communes préexiste. Il est préférable qu'il soit appliqué
par un même manager en mode « tout ou rien » avec
l'ensemble de ses équipes.

Fiche 25

Le sens

VERBATIM

« La perte de sens collectif ! C'est comme si Jason avait dit à ses compagnons : "Non, mais les gars, la toison d'or n'existe pas." On est dans un projet collectif, si la toison d'or n'existe pas, pourquoi est-ce que vous êtes venu me chercher ? Qu'est-ce que vous attendez de moi ? » Olivier Storch

POURQUOI

Pour Victor Frankl[1], le meilleur remède contre la dépression est le sens profond que chacun donne à son existence. La question du sens est évidente pour tout un chacun, et devient de nos jours cruciale pour les nouvelles générations, qui aspirent à se développer et à trouver une signification à leur engagement. Comprendre le « pourquoi » de son action, l'insérer dans une démarche collective cohérente avec la mission de l'entreprise est un moteur essentiel pour créer de la confiance dans le projet d'entreprise. Trop de collaborateurs passent du temps à réaliser des tâches sans utilité. Ces « jobs à la con[2] » résultent d'une bureaucratisation progressive des méthodes de travail dans les organisations où la fragmentation à outrance

---

1. FRANKL, V., *Découvrir un sens à sa vie*, Éditions de l'Homme, 2013.
2. GRAEBER, D., *Bullshit Jobs*, Les liens qui libèrent, 2018.

des tâches donne le sentiment aux personnes qui en sont en charge d'être de simples exécutants.

Le corollaire du besoin de sens est le sentiment d'utilité qui donne confiance en soi et protège de l'angoisse du vide.

Comment

On a tendance à s'intéresser davantage au « comment », en oubliant le « pourquoi ». La principale raison tient à l'urgence du quotidien des échéances, des dossiers et e-mails à traiter tous les jours. Il est aisé de céder à la facilité de donner des instructions sans en expliquer les raisons, exacerbant les comportements managériaux infantilisants.

En premier lieu, il convient de donner la direction stratégique globale de l'entreprise, du service ou du projet et ainsi les conséquences sur les missions de chacun. C'est alors en créant les conditions d'un dialogue manageur-collaborateur autour du sens que cela revêt pour lui qu'on permet de faire émerger le sens de la mission.

Point d'attention

Comprendre le sens d'un projet, d'une mission, d'une stratégie, c'est discuter du « pourquoi » de l'action. Le risque quand nous invoquons la nécessité que chacun trouve du sens est de tomber dans l'illusion managériale de la toute-puissance ; c'est-à-dire croire que l'on peut « donner le sens » à quelqu'un d'autre. C'est absurde car il appartient à chacun dans sa liberté de trouver par lui-même la signification d'un événement dans la singularité de sa vie. Le rôle du manager est davantage de créer les conditions pour que chacun puisse effectuer cette recherche et d'ouvrir un dialogue bienveillant et ouvert.

Rappeler le sens est clé pour construire la confiance, surtout lorsque la stratégie de l'entreprise change, ou lorsque le manager confie de nouvelles missions à ses collaborateurs. L'erreur serait de garder pour lui les explications « parce qu'ils ne pourraient pas comprendre ».

LES COMPORTEMENTS VIS-À-VIS DES ORGANISATIONS

La clarté des territoires

VERBATIMS

« À partir du moment où le territoire sera bien délimité, on ne pourra plus aller manger dans la gamelle de l'autre. » Jérôme Stubler

« Le deuxième élément est de donner des missions claires et définies aux uns et aux autres, et de ne pas faire en sorte que les missions se recoupent, se superposent, etc. » Olivier Storch

POURQUOI

Le fonctionnement des entreprises souvent trop en silos et souvent trop complexe où les départements travaillent de manière totalement indépendante les uns des autres sans coordination[1], sans mécanisme d'ajustement rend parfois incompréhensibles les rôles et responsabilités de chacun – jusqu'aux intitulés de fonctions et les missions qu'ils recouvrent.

Sans ce travail primordial de clarification, les jeux d'influence et les guerres politiques provoquent de vives tensions dans l'environnement de travail. Penser que des collaborateurs peuvent s'entendre d'eux-mêmes sur un

---

1. GARRETTE, B. *et al.*, *Strategor. Toute la stratégie d'entreprise*, Dunod, 2019, 8ᵉ éd.

territoire d'action tient de la gageure tant les mécanismes de préservation et défense sont puissants et menacent la cohésion de l'équipe. Le travail de mise à plat et de clarté des rôles est le point central préalable à toute forme de coopération.

COMMENT

Il s'agit d'analyser finement les périmètres de responsabilité et des relations de chacun. Ce travail consiste très basiquement à éviter les recoupements de territoires plutôt que se concentrer sur des fiches de mission entre les collaborateurs. Cependant, une compréhension en détail nécessite de passer du temps à échanger, à dialoguer avec tous les collaborateurs pour que le manager comprenne la réalité des interactions et des processus en jeu dans la réalité et non de manière théorique.

Cette étape est trop souvent faite de manière désincarnée sans prendre en compte la réalité des enjeux de pouvoir et de stratégie individuelle qui existe. Dans le cas d'une équipe déjà existante dont un nouveau manager prend la direction, il convient d'associer chacun à la construction collective d'une organisation simplifiée. Le rôle de régulateur et d'arbitre du manager devient central pour que chacun puisse défendre son point de vue. Que tous participent à ce processus de construction permet de s'approprier son rôle. Cette brique est une étape clé dans la fluidification des fonctionnements de l'équipe. N'hésitons pas à recourir au regard externe d'un tiers pour s'assurer que la lisibilité est évidente.

Point d'attention

Les divergences ou rancœurs entre les collègues tiennent moins dans le temps à des traits de personnalités incompatibles entre individus qu'à des territoires d'action qui n'ont pas été suffisamment clarifiés. Ce travail nécessite de la précision et du courage. De la précision, car cela implique de prendre du temps d'analyse et de dialogue avec tous ; du courage, afin de revisiter les rôles individuels et de remettre en cause les ancrages individuels, confortables pour certains.

Fiche 27

Les procédures et les réunions

VERBATIM

« Il faut que les gens puissent manœuvrer, faire évoluer le projet ou l'activité qu'ils ont à gérer, dans un cadre mais avec une marge de manœuvre importante. » Jean-Baptiste Morin

POURQUOI

La tentation bureaucratique est un vrai risque. Certaines entreprises dans des domaines sensibles se doivent d'être précautionneuses en respectant à la lettre les procédures de sécurité (le nucléaire, la pétrochimie, pour ne citer qu'eux). Le tissu de règles, de normes, de processus risque cependant d'asphyxier les énergies et constitue une réelle menace pour la confiance, la créativité et l'engagement des salariés, pris quelquefois dans les paperasses et fonctionnements internes sans logique[1]. Appliquer les règles à la lettre conduit à ce fameux paroxysme utilisé pour bloquer l'entreprise bureaucratique : « la grève du zèle » où chacun suit précisément toutes les règles[2].

Hélas trop souvent les collaborateurs passent davantage de temps à justifier leur travail plutôt qu'à le faire. Les

---

1. DUPUY, F., *Lost in Management*, Seuil, 2011.
2. CROZIER, M., *Le Phénomène bureaucratique*, Seuil, coll. « Point Essais », 1963.

initiatives des collaborateurs innovants se perdent dans le labyrinthe des comités « Théodule ». La confiance dans l'organisation se réduit et peut conduire au désengagement et au cynisme. Une des manifestations patentes de ces lourdeurs est le culte de la réunion à outrance. Comment avoir confiance dans une organisation quand on enchaîne réunion sur réunion ? Elles sont le symbole des inerties et des procédures inadaptées.

COMMENT

Changer une culture embourbée dans des processus bureaucratiques n'est pas aisé. S'il est illusoire de vouloir transformer toute l'organisation — si ce n'est pas dans le périmètre de ses fonctions —, rien n'empêche d'agir à son niveau. On commencera par un diagnostic des procédures pour faire ressortir celles qui épuisent tout le monde et dont le moyen d'action existe. Au premier rang des « process » qui pèsent, on trouve le niveau de reporting. Il est sans intérêt et stérile s'il n'est qu'un prétexte pour faire du flicage.

Ensuite il convient de s'attaquer au carnassier de la motivation, de l'engagement et de la confiance des grandes entreprises : la maladie de la réunionite. La solution réside dans une discipline : être systématique pour diminuer la durée et le nombre de réunions. Tant de réunions sont improductives car sans colonne vertébrale, sans cadrage. Ce sont des pertes de temps. La clé, c'est le cadrage du temps d'une part et le cadrage des sujets et des interventions d'autre part. Afin que chacun puisse exprimer son point de vue pour renforcer le sentiment d'utilité et de sens des réunions, elles doivent être l'opportunité d'innovation et de créativité, et pas seulement le partage descendant d'informations.

POINT D'ATTENTION

L'attention moyenne d'un individu en continu serait de 52 minutes. Nous sommes même 23 % à perdre le fil en moins de 30 minutes… Donc, soyons agiles pour embarquer nos collaborateurs sans les enfermer dans des règles absurdes et inefficaces !

La subsidiarité

VERBATIM

« La gestion est très décentralisée laissée totalement à la respon-sabilité des directeurs de magasin… c'est un processus bottom-up pour permettre à chacun de faire ses commentaires avant son chef, c'est de la subsidiarité pour décider du choix des produits, des marges, des prix d'achats et de ventes, des mètres carrés… »
Matthieu Leclercq

POURQUOI

La responsabilité est le fait de répondre de ses actes, en toutes circonstances et conséquences comprises. Selon ce principe, tout sujet doit être pris en charge par une per-sonne identifiée, qui répond de l'état d'avancement du sujet ou de la résolution du problème en question.

Une organisation responsable est ainsi une organisation qui se pense à partir du principe de responsabilité. Ce principe a deux vertus : la première est de permettre à chaque individu de se sentir véritablement « en charge » d'un sujet, et de renforcer son sentiment de fierté per-sonnelle et d'exercer pleinement sa faculté de jugement. La seconde est de créer une organisation qui inspire confiance à ses collaborateurs. Son corollaire est le prin-cipe de subsidiarité, selon lequel il ne faut jamais remonter au niveau supérieur une décision qui peut être prise au niveau inférieur.

Chaque décision est alors prise au bon niveau. Tout comme la responsabilité accroît la dignité individuelle de chacun, le principe de subsidiarité renforce le sentiment de contrôle et de satisfaction personnelle, et ainsi de confiance en soi.

COMMENT

La première étape pour le manager est d'affirmer publiquement sa volonté que ses collaborateurs aient des responsabilités et puissent prendre des décisions de manière autonome.

Le manager qui souhaite faire vivre la responsabilité et la subsidiarité dans son équipe doit apprendre à se positionner en soutien des porteurs de projet. Cela peut se traduire par le remplacement (total ou partiel) des reportings et des points de contrôle par des points de suivi des plans d'action, où le manager propose ses conseils et son aide sur les points bloquants. Ce soutien se traduit donc par un changement de posture : le manager devient facilitateur. Concrètement, il s'abstient de chercher à tout contrôler, il évite de monopoliser la parole de manière bilatérale afin de laisser la possibilité à ses collaborateurs d'exprimer leurs points de vue, et il les invite à chercher par eux-mêmes une solution aux problèmes qu'ils rencontrent, plutôt que de la leur donner, tout en restant en appui s'ils en ont besoin.

POINT D'ATTENTION

Pratiquer la subsidiarité se heurte à la capacité du manager à faire confiance, mais surtout au degré de « maturité » du collaborateur. Rappelons le modèle très usité du « leadership situationnel[1] » selon lequel il n'existe pas un style de management par excellence. Le mode de management d'un même individu varie en fonction de la situation et du collaborateur qu'il a en face de lui. L'idéal est d'avoir toujours en tête de fixer des objectifs atteignables et qui permettent à chacun de mobiliser ses compétences en donnant le meilleur de lui-même. Il s'agit de fixer des « défis possibles » pour ne pas démoraliser ses collaborateurs mais plutôt leur permettre de se dépasser.

---

1. HERSEY, P. & BLANCHARD, K., « Life Cycle Theory of Leadership », *Training & Development Journal*, 23(5), 1969, p. 26-34.

Partie 4

Interviews de dirigeant(e)s

1

Diane Abrahams, directrice de la Stratégie, Groupe La Poste

***À quoi sert la confiance dans les organisations
et comment inspire-t-on confiance ?***
C'est un ciment car s'il n'y a pas un minimum de confiance, on ne peut pas nouer des contacts. La transparence y est clé au sens de vouloir dire ce qu'on est en train de dire sans qu'il n'y ait de sens caché. La circulation de l'information est un critère de confiance : ne pas donner à son équipe toutes les informations dont ils pourraient se servir pour créer de la valeur ajoutée en la gardant pour soi pour asseoir son autorité ou se sentir important crée au contraire de la défiance.

***Certaines formes de pouvoirs liés à l'imprévisibilité
peuvent-elles être antinomiques avec la confiance ?***
Être prévisible offre un cadre stable de fonctionnement, une congruence à ses interlocuteurs sur les règles. Être imprévisible en gardant de l'information, en s'en servant pour désorganiser est au contraire un moyen de mettre la pression, de déstabiliser ou de manager par la peur.

À titre personnel, j'essaie au maximum d'exprimer de la spontanéité parce que c'est une manière de montrer à la personne en face qu'il n'y a pas de sens caché dans ce que je dis : si je dis quelque chose de positif, c'est sincèrement positif ; si je dis quelque chose de négatif, c'est sincèrement négatif.

Je ne joue pas l'experte car j'ai besoin que mon équipe soit meilleure que moi. Plus mon équipe peut fonctionner en mon absence, plus je considère que j'ai été efficace dans mon management parce que ça veut dire qu'ils connaissent le cadre de fonctionnement du collectif et mon cadre de fonctionnement. Cela veut dire qu'ils connaissent leur marge de manœuvre, leur autonomie, leur champ d'action et d'expertise, qu'ils sont capables de prendre un maximum de décisions eux-mêmes, parce qu'ils savent ce qui relève de leur périmètre ou pas.

Comment procédez-vous ?

En leur disant, en étant explicite dès le début, je leur demande de quoi ils ont besoin de ma part pour performer et je leur dis explicitement comment je fonctionne. Je pense que c'est important d'essayer au maximum d'expliciter ses modes de fonctionnement. Ça ne veut pas dire qu'on est tous parfaits en fonctionnement après, mais je pense que ça crée un meilleur fonctionnement ensemble et donc une meilleure confiance collective et individuelle. Tout le monde a le mode d'emploi dans les mains et on se sert quand même mieux d'un outil quand on a le mode d'emploi. Et j'essaie de déléguer au maximum. Je pense que le micro-management est destructeur de confiance, d'autonomie, et d'engagement.

Quel avantage ?

Je n'ai aucun problème à dire que je ne sais pas, j'offre à mon équipe des pans entiers où je leur dis « dans ça je suis nulle, toi tu seras meilleur que moi ». Et je pense que ça rend humain, ça autorise la réciprocité.

Cependant je suis très exigeante également. Mais je ne mélange pas les dossiers et la personne. C'est-à-dire s'il faut complètement refaire le travail, aller vite, cela n'empêche pas qu'il suffit de pousser la porte et de me dire « pause », et on discute. Mon côté bulldozer d'énergie et d'exigence ne se porte pas sur les personnes elles-mêmes mais bien sur leur travail. Aussi, j'ai besoin qu'il y ait une bonne ambiance dans mon équipe, mais ça ne me dérange pas de me dire, le soir à table, « ils vont râler sur leur chef » : je trouve que ça fait un peu partie du jeu, tant que ce que je fais est équitable de leur point de vue, tant que justement je suis prévisible, tant qu'on respecte chacun le cadre qu'on a défini.

Est-ce que les managers doivent parler d'eux ?

J'ai déjà eu des chefs dont je ne savais absolument rien, et j'étais fan d'eux, je trouvais que c'était des super chefs. Après il y a plusieurs manières de parler de soi, mais des clés sur soi me semblent nécessaires pour créer la confiance sans nécessairement parler de sa vie personnelle ; il y a plein de manières de le faire.

L'intérêt, pour moi c'est un meilleur fonctionnement basé sur la confiance ; travailler dans la défiance c'est fatigant.

Comment faites-vous pour faire confiance ?

Je pense que je suis plutôt du genre à faire confiance *a priori*. Et pour ma part, je place plus ma confiance dans des personnes que dans des systèmes. Cependant la confiance évolue : on a quand même rarement la même impression de quelqu'un au bout de six mois ou d'un an, parce que chaque personne est complexe.

Comment faites-vous pour faire que les membres de votre équipe aient confiance les uns envers les autres ?

On fait des réunions où on pose nos portables pour s'écouter les uns les autres, on fait des séminaires où on pose l'ordinateur. Je pense qu'il faut se parler et qu'il faut partager des temps collectifs où on se retrouve dans d'autres murs que d'habitude, à faire autre chose que ce qu'on fait au quotidien, et où on peut parler un peu de soi ; ça rend chacun humain. Ça allume les lampes torches et tout le monde voit qu'on est en fait dans le même bateau. Ça dédramatise des images qu'on peut se faire des gens quand on ne leur parle pas et qu'on les imagine moins humains que soi-même.

Dans le collectif, je suis très explicite et très carrée sur les règles de fonctionnement auxquelles je tiens, et du coup le cadre dans lequel on évolue est connu quitte à ce qu'il soit ajusté, car je leur demande leur avis, mais il est explicite.

Un événement qui a créé de la confiance dans l'équipe dans l'organisation ?

Quand on me donne une injonction contradictoire, j'ai besoin d'un clin d'œil ; du clin d'œil qui dit : « Je sais que c'est une injonction contradictoire, fais de ton mieux. » Je ne répercute pas comme si de rien n'était une injonction contradictoire à mon équipe, ça ne veut pas dire que je ne la répercute pas, mais au moins j'explicite que c'est contradictoire et qu'on va regarder ensemble comment faire.

C'est un moment de vérité qui permet de créer de la confiance ?

Moment de vérité car je ne veux pas créer d'incohérence. Dire « c'est une injonction contradictoire, comment on va s'en sortir ? » remet de la cohérence là où il n'y en a pas.

Qu'est-ce qui détruit la confiance ?

Le micro-reporting, le micro-management, le management par les moyens plutôt que par les résultats. Ça détruit plus que la confiance, ça détruit l'engagement, la motivation. Perdre de l'autonomie c'est vraiment se faire « reprendre de la confiance ». J'ai également perdu confiance dans certains patrons quand ils me disent quelque chose de faux ou qu'ils me demandent quelque chose d'inatteignable, qu'ils le savent, que je sais qu'ils le savent, qu'ils savent que je sais qu'ils le savent… mais qu'ils font comme si.

Ne pas pouvoir émettre un avis contraire est aussi destructeur de confiance. Une fois qu'un dirigeant est entouré de personnes qui n'osent plus dire non, cela veut dire que les décisions ne sont pas éclairées par des avis divers, par un collectif qui a des points de vue et des raisonnements différents. Quand tu ne peux pas exprimer un avis contraire, tu te rends vite compte que ta valeur ajoutée est diminuée.

Par ailleurs je voulais dire que la confiance va également avec le sens de ce que je fais et de ce que je demande de faire, je suis très génération Y. Même si des fois ça va vite, même si des fois c'est directif, il y a toujours en moi une petite graine de sens derrière l'objectif ou derrière la demande.

Autre chose ?

Je fais beaucoup de feedback ; je ne pense pas que quelqu'un qui travaille avec moi ne sait pas ce que je pense de lui. Certes, on ne peut pas dire tout ce que l'on pense, mais pour créer la confiance, mes collaborateurs savent ce que je pense d'eux, il n'y a pas d'ambiguïté, pas de mystères… J'essaie de faire les feedbacks sur des choses factuelles, pour essayer de toucher le travail et pas la personne. Quand j'ai un feedback négatif à faire, je le travaille beaucoup, pour m'assurer qu'au moment où je le fais, je reste factuelle.

Que faire pour que ses collaborateurs gagnent en confiance ?

J'essaie de valoriser certains travaux, de les mettre en avant ; je n'ai aucun problème à m'effacer derrière quelqu'un de mon équipe. Je trouve ça ridicule, si la personne de mon équipe est plus compétente que moi, que ce ne soit pas elle qui anime la réunion ou présente le dossier. C'est plus efficace et plus juste que l'animation d'une réunion se fasse par la personne plus compétente plutôt que par la personne la plus gradée hiérarchiquement.

Quel est le rapport des jeunes générations à la confiance ?

Ce serait idiot de généraliser mais faire du présentéisme à outrance n'est plus un code de compétence et d'engagement de leur point de vue. Ils viennent questionner les codes d'autorité et de lecture de l'efficacité. Ils sont très exigeants sur le sens, sans doute dans des fonctionnements plus horizontaux. Cela ne veut pas dire qu'ils ne vont pas chercher des marques de confiance de l'organisation ou de leur chef.

C'est frappant dans beaucoup de situations à quel point on considère que les femmes ont moins confiance en elles parce que la manière dont elles l'expriment va moins répondre à des codes de confiance en soi dont on a l'habitude dans une entreprise. Au lieu d'attendre de figures féminines qu'elles cochent les cases de critères d'expressions de la confiance en soi plus masculins, tel qu'asséner quelque chose avec certitude par exemple, il faudrait qu'on apprenne à détecter d'autres moyens d'exprimer une confiance en soi, d'autres moyens d'être un bon manager, d'autres moyens de performer. Une femme qui s'excuse de ne pas rendre un dossier parfait, ça doit pouvoir nous inspirer confiance.

La source de la confiance en soi vient de la connaissance de soi et également du fait qu'à chaque instant, je suis libre d'être moi-même, et je le choisis à chaque instant de nouveau. La confiance en soi n'est pas forcément ce à quoi on pense, comme du charisme. C'est une projection de l'idée de la confiance en soi.

Des conseils ?

On passe sa journée le nez devant une *to-do list* : je conseillerais de prendre aussi le temps de s'arrêter pour noter ce qu'on a fait, brique par brique, pour regarder la table de ses réalisations factuelles. Être fier de ce socle, se dire « ça je l'ai fait, c'est du solide » permet de se réappuyer dessus et de prendre confiance dans sa capacité à faire.

2

Paul-Ambroise Archambeaud, président de Pick-up Services

Selon vous, qu'est- ce qui crée la confiance ?
C'est vraiment d'être aux premières lignes pour mener l'action soi-même. Ce que tu dis, ça pèse 5 %, ce que tu fais 95 %. Quand tu te mets en route et quand tu agis, les autres te regardent : est-ce que tu vas y arriver ? Est-ce que tu as l'air heureux de faire ça ? Alors ton équipe a envie de suivre parce que le geste est beau, parce qu'elle est solidaire finalement. Ils ne vont pas te laisser tout seul te battre, et quand tu vas leur demander un coup de main, ils vont venir avec toi dans ton aventure. Ce sont dans les épreuves et les difficultés que la confiance se renforce car quand les autres font des erreurs, c'est la façon dont tu vas les traiter qui crée ou pas la confiance dans la vie. La confiance après l'élan, c'est le geste d'après qui a passé l'épreuve du feu… un encouragement alors que la situation n'est pas très bonne, mais tu as vu l'effort. Tu les inspires parce que tu leur témoignes de la reconnaissance.

La compétence est-elle nécessaire pour inspirer confiance ?
On n'a pas besoin d'être un expert pour inspirer confiance. Par exemple, je ne suis pas un expert en informatique mais quand les équipes annoncent un retard sur un projet important, je pourrais les accabler en leur disant qu'elles sont nulles ou leur tendre la main en reconnaissant la difficulté de leur mission. Je préfère leur tendre la main et les rendre plus engagées encore, car c'est elles qui placent la confiance en toi comme toi tu places ta confiance en elles.

Les managers parlent souvent de la difficulté de donner confiance, comment ça se passe pour vous ?
Moi, naturellement, je donne ma confiance aux autres car je suis persuadé que 90 % des gens sont dignes de confiance. Il peut arriver cependant que je retire ma confiance à certains, mais ce qui m'intéresse c'est d'avoir les gens à fond avec moi tout de suite.

Comment faites-vous pour créer la confiance dans et entre les équipes ?

Je montre ma compassion tout le temps devant les autres. Je crée des événements de fraternité forts tout le temps. Je les amène à comprendre ce que j'aime chez les uns et chez les autres. Je montre de l'empathie, mais il peut y avoir des situations où certains jouent des jeux politiques, tirent la couverture à eux. Ceux-là, je m'en sépare, même s'ils sont très bons.

Comment créer dans l'ensemble de l'organisation ou un service un climat de confiance qui perdure ?

Ça vient d'en haut. Ceux qui travaillent pour moi se rendent bien compte que ma méthode est gagnante et donc ils l'appliquent. Ce que j'attends d'eux, c'est qu'ils deviennent tous des leaders faisant grandir leurs propres N–1 comme je le fais moi-même avec eux. Quand tu es bien traité, tu traites toi-même bien les gens. Comme le montre l'exemple de l'armée que je connais bien, on peut faire cohabiter la compétition avec la compassion et l'entraide.

Pourquoi devrait-on célébrer la confiance ?

Pour une raison évidente, parce que c'est quand même beaucoup plus agréable. On est tous heureux de vivre dans un environnement qui nous fait grandir. Parce que le soir et au seuil de ma vie, ce ne sont pas des chiffres que je dois emmener mais ce sont des visages. Je le fais parce que ça rend ma vie belle. Je passe un temps fou au bureau, il faut qu'il soit rempli d'humanisme…

Et comment gérez-vous les nouvelles générations plus consuméristes par rapport à l'entreprise ?

C'est une erreur de penser ça en fait. Ils sont comme ça parce qu'on les a élevés dans la défiance de tout, dans une image cynique de tout. Quand tu les embarques depuis deux ans dans une aventure, ils ont envie d'adhérer à mort. Cette défiance et ce cynisme les quittent.

Qu'est-ce que la confiance en soi ?

Tout d'abord, avoir confiance en soi n'exclut pas le doute. Avoir confiance en soi, c'est être capable dans l'action de se dire : j'ai bien réfléchi, je me suis bien préparé, je sais ce que je fais et j'ai de très fortes chances d'y arriver, mais je peux aussi échouer, ça fait partie du jeu. Et plus tu prends de risques, plus le tarif est élevé. J'ai le sentiment d'avoir confiance en moi, mais je n'ai pas du tout l'impression de détenir la vérité. Il est essentiel que les collaborateurs aient confiance en moi car, pour aller plus loin et frapper fort, il faut pouvoir se démultiplier.

Avez-vous une anecdote à nous raconter qui a créé la confiance ?

Dans le cas de Stuart et Pick-up, Paul-Marie Chavanne m'a laissé le choix entre une façon directive en devenant PDG de l'ensemble ou une façon plus inspirationnelle en nommant deux directeurs généraux, et en leur laissant à chacun d'eux une vraie autonomie. J'ai choisi la seconde façon. Pour Stuart, par exemple, je me suis tenu à une discipline extrêmement stricte en ne franchissant jamais la ligne avec le Codir de cette entité. Eh bien, j'ai gagné la confiance du DG et quand il a eu besoin de moi, je suis allé défendre ses résultats et ses besoins en ressources. Je ne me suis jamais immiscé dans sa ligne hiérarchique ainsi j'ai complètement gagné sa confiance.

Pouvez-vous me parler d'un événement qui a détruit la confiance ?

Oui, par exemple, dans le cas d'une boîte prestataire de services pour nous, on n'avait pas signé de contrat d'exclusivité parce que le patron de l'époque était un homme un peu comme Paul-Marie Chavanne. J'avais tellement confiance en lui que je ne lui avais jamais fait signer de contrat d'exclusivité. Mais lorsqu'il est parti en retraite, son dauphin, qui l'a remplacé, a trahi la confiance que je lui avais donnée car son patron m'avait dit qu'il l'avait formé et proposé pour le remplacer. Il n'a pas fallu deux mois au dauphin pour nous dire qu'il voulait nous couler. En fait, c'est la confiance de son patron qui a été trahie en même temps que la mienne…

L'inverse de la confiance n'est-ce pas la tyrannie ?

Oui, en effet, la tyrannie ça marche aussi ! Parce que c'est entièrement fondé sur le contrôle… Il y a une limite cependant, c'est la puissance de travail du tyran qui risque de freiner la performance de l'organisation, car il ne peut pas tout faire. Mais des organisations existent qui ne sont ni tyranniques ni bienveillantes, elles ont dominé par les process. Il y a un process extraordinaire d'évaluation, d'autocritique... C'est très performant mais, pour moi, plus du tout adapté à notre époque...

Pour conclure, y a-t-il une façon de manager ?
Pour vous, est-ce par la confiance ?
Non, pas du tout ! Parce qu'on ne gouverne bien que comme on est soi-même. Donc il faut venir avec ce qu'on est quand on gouverne. Il n'y a pas une façon de gouverner, il n'y a pas une façon de manager. Il y en a cent. Dès que tu copies un truc que tu as lu dans un bouquin, tu es nul. Viens comme tu es. Pour ma part, j'ai choisi de manager par la confiance. Je ne l'ai pas fait pour être le plus performant. Mon but n'a jamais été de prouver que ma méthode était plus performante que celle des autres. Il faut écouter son cœur à soi, son inspiration...

3

Damien Bon, DG de Stuart

Qu'est-ce que la confiance signifie pour vous ?
C'est un des sujets les plus simples au monde, comme probablement
le sujet le plus complexe, parce que la confiance, c'est le socle de
toutes les relations humaines. Si je ne vous fais pas confiance, si
vous ne me faites pas confiance, on ne va pas pouvoir mettre en
œuvre un début de collaboration, on ne pourra rien coconstruire.
Donc sans confiance, pas de possibilité de coopération.

Les critères pour accorder de la confiance ou bénéficier de la
confiance de quelqu'un sont extrêmement personnels. On touche
vraiment aux fondamentaux de la personnalité puisqu'à partir de
quels critères puis-je me fier à cette personne ? À l'inverse de la
confiance, il y a la défiance, ou la méfiance, je me méfie de
quelqu'un à partir du moment où j'ai un doute, une incertitude et
en fait je pense que cette incertitude est clé. La manière de créer
un climat de confiance, c'est d'essayer de lever cette incertitude,
cette peur qu'on peut avoir d'une situation ou d'une personnalité.

Les critères qui font que je vais faire confiance à une personne dans
un environnement donné peuvent être différents de la confiance
dans un environnement professionnel.

La complexité tient à ce que la confiance met énormément de
temps à se construire : nos peurs, elles, sont bien ancrées et c'est
difficile de les lever en cinq minutes.

Concrètement que faites-vous ?
Pour moi, la première condition et la première chose est d'instaurer
un climat de vérité. C'est-à-dire qu'on doit être capable de dire
à la personne : « Écoute, tu peux prendre des risques avec moi,
tu peux tant que tu me donnes la transparence sur ce que tu fais,
que tu partages ton ressenti, alors je te jugerai sur la base de tes
faits, et j'accepterai à partir du moment que tu es transparent sur
ta démarche. »

La confiance, c'est de lui dire qu'elle peut prendre un risque : « Je te suis, je me fie à toi pour pouvoir faire une certaine tâche si tu es transparent avec moi sur les causes du succès, les causes des échecs. » Cela crée un climat de transparence, de vérité et de confiance.

À quel moment s'établissent ces bases du contrat relationnel basé sur la vérité ?

Très tôt, on doit arriver à la définition de règles du jeu, de valeurs qui entourent la relation. Par exemple quand on embauche une personne : qu'est-ce qu'on fait chez Stuart, quelle est la stratégie ? Comment se passe l'organisation ? Et à la fin on a abordé le sujet le plus important : comment est-ce que je travaille et qu'est-ce que j'attends de ta part ?

Il s'agit de réduire la part d'incertitude pour que lui, demain, il n'ait pas à se dire : « Tiens en faisant ça, est-ce que je risque X ou Y ? » Plus on va réduire l'incertitude, plus les règles du jeu de fonctionnement entre les deux individus vont être claires, plus il va être inspiré pour pouvoir évoluer.

Le second élément c'est d'avoir confiance en soi, ce qui se traduit par une notion de cohérence avec soi-même. Sans cette cohérence, vous dites quelque chose à une personne et son contraire à une autre personne, ou alors vos dites « Tiens, je t'accorde pas mal d'autonomie » puis dans les faits trois jours après vous prenez une décision qui fait que vous êtes trop interventionniste. L'autonomie est alors cassée, et vous n'êtes pas en cohérence avec vous-même.

La confiance nourrit-elle la cohérence ?

Quand on est confiant en soi, c'est qu'on a une ligne de conduite, une ligne interne et qu'on s'y tient. La confiance en soi, c'est le moteur de l'énergie. L'énergie qui se dégage d'une personne : augmenter sa confiance en soi, c'est augmenter son niveau d'énergie. Augmenter sa confiance en soi, c'est une quête de son utilité ; tout être cherche sa place dans la société de manière générale et dans son entreprise de manière particulière. Pour cela, il faut que notre rôle et nos responsabilités soient clairement définis, pas nécessairement à la lettre, mais que l'on sente qu'on a une place dans l'organisation. D'ailleurs dès qu'il y a les changements organisationnels, on voit que les gens paniquent tout de suite, parce qu'ils se disent que leur utilité est menacée.

En tant que manager, ce qu'on peut faire pour créer un climat de confiance, c'est identifier clairement le rôle et les responsabilités de chacun.

Comment faire pour augmenter sa confiance en soi ?

Pour augmenter sa confiance en soi, il faut aller chercher dans le périmètre de ses responsabilités à être valorisé pour ce qu'on fait. Il s'agit d'accumuler de la valorisation, de la reconnaissance, et de l'encouragement. C'est créer aussi une relation de transparence avec son manager, où est-ce qu'on veut aller, les choses qu'on cherche à atteindre, pour que le manager en bonne intelligence puisse mettre le collaborateur dans un environnement dans lequel il peut justement être valorisé, mettre à profit ses compétences. Il s'agit de se mettre dans un environnement où on peut recevoir des feedbacks positifs pour accumuler la confiance nécessaire pour prendre des risques… À force, on va être capable de développer de nouvelles compétences, d'ajouter de nouvelles cordes à son arc.

L'angoisse et l'incertitude naissent du fait qu'on n'a pas d'objectifs clairs, qu'on n'a pas une vision pour l'entreprise, etc. Le rôle du manager, du chef tout en haut, c'est de donner le maximum de perspectives à l'entreprise et de fixer le cadre et les règles de fonctionnement de l'entreprise qu'on peut bien souvent résumer aux valeurs et aux principes clés de leadership.

Quand un manager ferme la porte et vous dit après avoir donné son accord à des tierces personnes « Bon moi je ne suis pas d'accord avec elles, maintenant on va plutôt raisonner comme ça donc on ne va pas faire ce qu'on s'est dit » alors que 4 minutes avant vous étiez avec ces tierces personnes et qu'on a marqué un accord verbal d'avancer ensemble, le doute s'installe : qui me dit que dans 5 minutes il ne va pas dire l'inverse à un autre collaborateur ?

Ces situations arrivent car les gens sont davantage dans la séduction de court terme au risque de créer une perte totale de confiance.

Comment faire pour donner sa confiance ?

La première chose est de le verbaliser. À partir du moment où si j'ai confiance en vous, je vous regarde dans les yeux et je vous le dis.

À la phrase « À vous de trouver votre chemin et puis bon, prenez des risques, mais pas trop, parce que sinon ça peut mal se passer pour vous », je préfère largement : « Vous avez été recruté pour vos compétences, j'ai confiance en vous, allez-y déroulez la feuille de route, je vous donne l'autonomie nécessaire et en cas d'échec, on en tirera les conclusions ensemble. »

Une marque de confiance d'un manager sur son collaborateur, c'est entre guillemets lui accorder l'autonomie nécessaire pour exécuter sa tâche en lui disant : « J'ai confiance pour que tu fasses aussi bien que moi. » Il faut créer un climat de bienveillance qui passe par de l'écoute, de l'empathie, de l'émotion. Quelqu'un qui est froid, qui ne vous écoute pas, qui ne partage pas d'émotion, de ressenti, qui ne sait pas comprendre ce qui est difficile pour vous, empêche toute connexion. Il s'agit au contraire de créer ce climat de bienveillance.

4

Laurent Choain,
Chief People Officer de Mazars

Quelle est votre définition de la confiance et pourquoi est-elle importante ?

La confiance, c'est quelque chose d'extrêmement fragile, parce qu'il y a en permanence des preuves ou des contre-preuves qui viennent détruire cet élément. C'est le fait que quoi que vous disiez, vous le répéterez de la même manière quel que soit l'interlocuteur. C'est la capacité qu'on a à faire en sorte que les autres savent qu'on ne leur tient pas un discours différent de ce qu'on tiendra ailleurs et que si l'on parle d'eux, il n'y aura pas de double langage, de triple langage, de variations des choses et que ce qu'ils vont vous dire a de la valeur.

Comment faites-vous pour inspirer confiance ?

J'essaie de me comporter tel que je puisse mériter de la confiance par les actes. Mais on n'est pas 100 % quelqu'un de confiance et puis 0 % quelqu'un de confiance. Je pense qu'il y a toute une gamme au milieu, il y a des gens pour qui je suis vraiment le modèle absolu de quelqu'un en qui on peut avoir confiance et puis pour d'autres, pas du tout parce qu'ils se disent : « Il utilise même son authenticité, sa sincérité pour pouvoir manipuler. » Donc moi, ce n'est certainement pas un objectif c'est une donnée.

Mon métier est la direction des relations humaines, la gestion des dirigeants et c'est un métier où vous devez savoir des choses, où vous allez recueillir des confidences, des informations parce que cette notion de confidence va avec la confiance. Il s'agit de dire : « Je te le confie parce que je sais que tu en feras un usage sage. »

Je me retrouve dépositaire de gens qui me font confiance pour ensuite agir avec ce qu'ils vont me donner, essentiellement de l'information pour leur bien. Et ça, ce n'est pas simple parce que dans le même temps, j'ai une organisation qui me donne un rôle et je suis censé agir pour le bien d'une organisation plus collective, plus globalement. Je suis dépositaire d'une sorte d'injonction de

confiance ou plutôt même d'un cadeau empoisonné qui serait :
« Je te fais confiance ».

Comment donnez-vous votre confiance ?

Mon principe est de faire confiance. Ensuite, si cette confiance est
déçue, *no hard feelings*, on passe à autre chose. Ce n'est pas très
grave. De la même manière que je ne souhaite pas que les gens
commencent à faire des procès ou des jugements en confiance
trahie, je ne l'applique pas aux autres. Si en plus, on y adjoint la
notion de transparence, alors là je deviens extrêmement méfiant
pour le coup.

Pourquoi ?

Je vais faire une réponse en vous racontant une anecdote lors
d'une conférence sur le leadership de Jacques Attali à laquelle j'ai
assisté. À peine a-t-il fini son intervention qu'une personne se lève
et intervient : « Alors monsieur, je voudrais vous dire que, et cela
ne me surprend pas, il manque un élément essentiel dans votre
discours, c'est l'exemplarité. » Et là, Jacques Attali le regarde, mais
avant il griffonne sur un papier juste devant lui et puis il lui dit :
« C'est intéressant, donnez-moi un exemple pour vous d'homme
exemplaire, enfin de personnage exemplaire. » Et puis la personne
dit « le général de Gaulle », bien sûr. Et là, Jacques Attali lève
son papier, dessus c'était écrit de Gaulle. La salle se met à rire
et il continue d'écrire sur son papier — que personne ne voit évidemment. Il continue : « Donnez-moi une preuve de l'exemplarité
du général de Gaulle. » La personne répond par exemple qu'il
payait lui-même ses factures d'électricité à l'Élysée. Et là, il relève
le papier, c'est marqué « EDF Élysée ». Jacques Attali, regarde son
interlocuteur et lui dit : « Savez-vous ce qu'est Méert ? C'est une
très célèbre pâtisserie de Lille, très ancienne et qui fait des gaufres
fantastiques avec un goût de vanille, c'est formidable. Et d'ailleurs
vous savez que le général de Gaulle était né à Lille lui dit-il, et vous
savez que ces gaufres en fait étaient le péché mignon d'Yvonne
de Gaulle ? Les lundis matin, il y avait le chauffeur du général qui
partait et qui allait chez Méert chercher deux paquets de gaufres
pour Mme de Gaulle. Par contre, ce n'était pas payé directement
de la poche du Général ; aujourd'hui, ça se serait su, et vous
n'auriez pas autant d'admiration pour le Général à cause de ça.

Dans un monde de transparence absolue, en réalité on se retrouve justement à perdre la confiance, c'est-à-dire que plus personne n'est digne de confiance. »

La notion de transparence porte en germe une normalisation sociale extrême parce qu'elle peut vite créer des injonctions au lieu d'être des choix humains, libres. La confiance ne se crée pas sur la transparence.

Les systèmes où il y a le plus de confiance ce sont les systèmes mafieux où là il y a une notion de confiance qui est à la vie à la mort. Si l'on prend leur forme dégradée en entreprise, les grands patrons sont des gens qui ont un réflexe « clanique intelligent », qui vont garder des gens très longtemps car « ce sont des mecs à nous ».

Faut-il créer la confiance dans un collectif ?

Ce que tu peux faire dans un collectif, c'est développer des relations de confiance très fortes avec quelques personnes de ce collectif, de sorte que tu vas créer deux phénomènes : l'un positif parce que tu vas apparaître comme quelqu'un qui crée de la confiance ; et de l'autre côté, le problème, c'est que ceux qui n'y sont pas vont te juger clanique, inéquitable dans le traitement des gens et du fait que tu n'apportes pas la même attention à tout le monde. Les très fortes relations de confiance que tu peux créer avec des individus peuvent parfaitement nuire à la notion de confiance que tu peux créer collectivement.

Si l'on raisonne à la taille d'une équipe restreinte, comment faire pour que se développe une véritable confiance entre les individus de ce collectif ?

Google en gros a fait deux études. La première, démarrée en 2010. La seconde, en 2012. Ils ont mis en avant une idée qui est fondamentale pour la performance de leurs équipes qui est de dire qu'en fait, elles ont toutes cinq caractéristiques communes, ces équipes qui réussissent, mais la première des caractéristiques est l'ombrelle de toutes ces autres. C'est-à-dire que si elle n'est pas présente, avec les quatre autres, cela ne marche pas. Il y a une caractéristique essentielle, les autres étant des caractéristiques accélérantes mais secondaires. Cette caractéristique essentielle, c'est ce qu'ils appellent en anglais « *psychological safety* ». Cette « *psychological safety* » doit être l'effet d'un fonctionnement à l'intérieur d'un cercle de pairs et non pas dans une relation de leadership hiérarchique.

5

Pascal Demurger, DG de la MAIF

Quelle est votre définition de la confiance ?
La confiance, pour moi, c'est la capacité à croire l'autre sans le soupçonner d'être malintentionné, de servir un intérêt. La confiance en quelque chose d'un peu absolu. Je n'arrive pas à comprendre la phrase « la confiance n'exclut pas le contrôle ». D'une certaine manière si, ça ne veut pas dire qu'il n'y a pas de contrôle mais plutôt dans un sens d'amélioration, de progrès. La confiance est une forme de délégation…

Comment inspirez-vous la confiance ?
On inspire la confiance de trois manières : 1) il y a forcément un aspect lié au passé du dirigeant, son « *track record* », qui construit ainsi sa légitimité, quelqu'un qui n'a jamais trahi, qui a tenu ses promesses ; 2) il y a un alignement des comportements quand on se comporte conformément à ce que l'on prône, c'est-à-dire la cohérence entre discours et actes ; 3) la crédibilité de ce qu'on propose pour l'avenir, et la capacité à donner envie de ce qu'on propose pour l'avenir. Il sera, en effet, difficile d'inspirer la confiance si les personnes sont en opposition avec ce que l'on propose.

Comment faites-vous confiance au quotidien ?
Faire confiance est d'abord un travail sur soi, de lâcher-prise, consistant à admettre que l'autre est aussi bien placé pour résoudre le problème, qu'il est mû par des intentions sincères et positives, qu'il ne va pas chercher à tirer profit pour un intérêt particulier. Il y a un travail sur soi sur la façon dont on se représente les autres et la façon dont on se représente soi-même par rapport aux autres. Faire confiance, c'est accepter de ne pas être en surplomb, de ne pas considérer que l'on pourrait faire mieux que l'autre. Il s'agit de changer sa posture. Dans mon cas, j'ai fait un travail sur moi.

Comment créer la confiance chez vos collaborateurs dans un collectif ?

Dans un collectif, c'est plutôt un apprentissage, une addition de petites victoires. On fait évoluer le collectif par la transparence, par sa propre posture. La transparence dans un collectif me paraît fondamentale, si les gens ont le sentiment qu'on leur cache des choses, des faits, c'est très négatif. On crée la confiance dans un collectif par la reconnaissance d'un droit à l'erreur, et donc par une forme de bienveillance. On crée la confiance dans un collectif également par la capacité d'écoute, par le savoir-dire mais aussi par la capacité à écouter, à comprendre. On est loin du management traditionnel « *command and control* ». L'expression « la confiance n'empêche pas le contrôle » ne fonctionne pas en réalité.

Comment avoir confiance en soi en tant que personne au sein d'une entreprise ?

Cette question est importante, dans mon cas, j'ai progressivement pris confiance en moi dans la démarche de changement que j'initiais à la MAIF. Tant qu'on n'a pas confiance en soi, tant qu'on ne se sent pas légitime, c'est très difficile de faire confiance aux autres. Si l'on n'a pas confiance en soi, on a tendance à vouloir tout maîtriser, à tout contrôler. Il faut acquérir un niveau suffisant de confiance en soi pour lâcher prise. Pour développer la confiance en soi, c'est le monde des petits pas quotidiens, on avance à tâtons. On se rend compte un jour que quelque chose a bien marché, le lendemain on a des retours positifs d'une équipe ou d'une personne, et progressivement, on prend un peu plus confiance. Le regard des autres est totalement central. À la MAIF, cette prise de confiance en soi a été progressive, ça ne s'est pas fait du jour au lendemain.

Avez-vous une anecdote sur un événement qui a déclenché la confiance au sein de vos équipes ou pour vous-même au sein de l'entreprise ?

Il y a eu un événement fort avec un avant et un après : c'est un séminaire de managers début 2015 au cours duquel la thématique centrale était précisément le management par la confiance. Il y avait le séminaire lui-même qui, en deux jours, a fait basculer la communauté des 750 managers avec notamment un événement marquant à l'intérieur de ces deux jours, dont la première table ronde avec Laurence Vannee et moi. L'animateur lui demande si elle a un conseil à me donner, elle répond devant les 750 managers : « Pascal, pense moins avec la tête et plus avec le cœur. » Ça a créé un effet fort sur moi et l'assistance, le reste du séminaire n'a pas été le même… On a accepté d'être sur un registre plus émotionnel. Ça a eu un effet incroyable ! Cinq ans après, des managers en parlent encore avec une émotion très forte. Quand les managers ont retrouvé leurs équipes après le séminaire, les collaborateurs se demandaient ce qui s'était passé, car leurs managers avaient changé. Ils ont commencé à infléchir leurs pratiques managériales.

*Avez-vous une anecdote sur un événement
qui a détérioré la confiance au sein de vos équipes,
pour vous-même au sein de l'entreprise ?*
Une anecdote qui détériore la confiance : quelqu'un, un cadre ou un employé, qui vient pour la première fois en Comex et dont la présentation n'est pas terrible, et à qui l'on exprime de l'impatience, une désapprobation, on a vite fait de ruiner la confiance en lui et également vis-à-vis des autres. Un autre exemple en lien avec le développement de l'activité : quand tout va bien, quand on se développe, les gens suivent, sont aspirés. Mais quand les choses sont plus dures, que le ciel commence à s'assombrir, on a souvent rapidement des petites résistances, des doutes. C'est un peu la limite de l'exercice, ça marche bien quand tout fonctionne. Mais quand le contexte est défavorable, la ligne de la confiance est plus difficile à tenir. Enfin, quand un manager est en dehors des clous, a des comportements contraires à nos valeurs, même s'il est très performant, on ne peut pas le garder. Ça a été le cas chez nous avec un membre du Comex, une star sur son sujet, mais qui était beaucoup trop « *command and control* ». On a beaucoup trop à perdre sur le collectif qu'à gagner sur l'individu.

6

François Dupuy, sociologue

Qu'est-ce que la confiance ?

Il est difficile de définir la confiance. En y réfléchissant, je dirais que c'est ce qui permet de s'exprimer librement sans craindre que le même propos soit utilisé dans un contexte différent. La relation amoureuse illustre bien cette tentative de définition : des mots sont prononcés, des confidences sont faites à un moment intime de cette relation. Pour que cela puisse se faire, il faut être sûr que ce qui est dit ne sera pas utilisé lorsque le contexte de la relation sera différent. De ce point de vue, la confiance est donc ce qui correspond à ce que les philosophes appellent un « comportement éthique ». Dit autrement, cela implique de renoncer à l'incertitude de son comportement.

Pourquoi la confiance : parce qu'elle permet de dire et d'agir sans craindre l'utilisation que fera « l'autre » des actes ou des propos. C'est un premier niveau de réponse. Mais pour aller plus loin, la confiance permet de bâtir des relations durables et fiables, que ce soit dans la vie personnelle ou professionnelle. Dans ce sens, la confiance permet un « jeu » beaucoup plus ouvert et donc des possibilités de coopération qui n'existeraient pas sans une confiance partagée entre les acteurs.

Comment inspirer confiance ?

En étant aussi prévisible que possible. Mais cela dit, il n'y a rien de facile dans cette proposition. La sociologie nous apprend en effet qu'une partie du pouvoir que nous détenons, aussi bien dans les relations de travail que dans les relations personnelles (voir le livre de Roland Barthes, *Fragments du discours amoureux*) tient justement à notre imprévisibilité. Il y a donc un arbitrage à faire entre le pouvoir que l'on souhaite conserver et la nécessité telle qu'on l'évalue de capter la confiance de ceux avec lesquels on est en relation.

Comment faire confiance à quelqu'un ?

C'est l'envers de la question précédente : on ne peut pas faire confiance à quelqu'un qui a un comportement imprévisible ou trop imprévisible, ce que l'on appelle parfois un « comportement erratique ». Et cela nous ramène à la notion d'« intuition » développée dans un célèbre article par Herbert Simon. Pour faire bref, il définit l'intuition comme le résultat d'une expérience accumulée. Cela montre qu'au-delà des phrases banales sur la confiance qui se mérite, cette confiance demande du temps pour être acquise. Elle demande d'avoir observé les comportements et les mots de celui qui sollicite la confiance et à un moment donné, de trancher. C'est bien d'intuition dont il s'agit, dont on rappellera qu'elle est un moyen d'acquérir de la connaissance et dans ce cas, la connaissance de l'autre.

Comment créer la confiance dans un collectif ?

Il faut ici introduire une autre notion : celle de « règles du jeu ». Celles-ci, qui définissent ce qui est acceptable et ce qui ne l'est pas au sein d'un collectif de travail ou autre, nous renvoient à nouveau à la notion de prévisibilité. Ces règles du jeu, qui doivent être élaborées par les acteurs eux-mêmes, vont tracer les limites au-delà desquelles la confiance est rompue entre un ou plusieurs membres de ce collectif, ce qui entraînera, d'une façon ou d'une autre leur exclusion de ce collectif. Pour rester dans les limites de ce qui est faisable, ces règles du jeu créent un niveau de confiance acceptable entre les partenaires.

Comment avoir confiance en soi ?

Nous entrons ici dans un domaine différent, celui de la psychologie, qui n'est pas le mien. Néanmoins, il me semble que ce sont les autres, ceux avec lesquels on entretient des relations « qui comptent », qui peuvent donner la confiance en soi ou d'ailleurs la détruire. En ce sens, nous sommes tous comptables de la confiance que ceux qui nous entourent dans l'univers personnel comme dans l'univers de travail peuvent avoir en eux. Et pour aller plus loin, il me semble que nous avons tous la possibilité de « tuer » quelqu'un.

Comment aider ses collaborateurs à avoir confiance en eux ?

Pour cela, la bienveillance est probablement un facteur clé. Elle est bien sûr différente de la tolérance et peut se définir comme la capacité à ne pas juger sans comprendre. Pour le dire autrement, au-delà de manifester sa satisfaction à ses collaborateurs, il est sans doute nécessaire, lorsqu'ils commettent des erreurs, de comprendre ce qui les a amenés à cela, à en discuter avec eux en soulignant qu'une erreur n'est grave que si on la reproduit. Et on peut ajouter que l'on ne pourra aider ses collaborateurs à avoir confiance en eux que si ces mêmes collaborateurs ont confiance en nous.

Qu'est-ce qui détériore la confiance ?

Une partie de la réponse a déjà été donnée dans ce qui précède. Ce qui détruit la confiance, ce sont d'abord des comportements erratiques, fragilisant du coup ceux avec lesquels on est en relation et qui ne savent plus ce qu'ils peuvent faire ou pas. Cela les amène à jouer « fermé » en cherchant à minimiser les risques que représentent leurs actes ou leurs paroles.

Mais il est un autre point qui m'apparaît important. Insidieusement, l'appel à la transparence détruit la confiance, comme l'avait très bien expliqué le philosophe Alain Etchégoyen. Si en effet, on considère généralement que le contraire de la confiance est la défiance, je suggérerais qu'en fait, le contraire de la confiance est la transparence. Et en effet, si l'on y réfléchit, on s'aperçoit que l'on ne requiert de la transparence que de la part de ceux en qui l'on n'a pas confiance. Or, l'appel répété à la transparence va progressivement induire, chez ceux à qui s'adresse cet appel, le sentiment qu'on ne leur fait pas confiance. Et en effet retour, elle va les conduire à s'interroger sur la confiance qu'ils peuvent faire à celui ou ceux qui émettent ces injonctions.

7

Matthieu Fouquet, DRH de Onepoint

*Comment Onepoint est-elle organisée
et quel y est le rôle de la confiance ?*
Onepoint est une organisation directement inspirée des réseaux sociaux. Au lieu du schéma habituel (des business units et une direction dotée de ressources dédiées), nous avons des communautés réparties selon l'expertise, le secteur ou la région. Chaque collaborateur peut s'affilier à autant de communautés qu'il le souhaite. L'idée est de ne jamais être enfermé dans un écosystème ou dans une relation managériale et de toujours pouvoir développer sa propre expertise. Pour déployer ce type d'organisation, il faut que l'entreprise ait une confiance aveugle en ses salariés et que les salariés aient, à leur tour, une confiance raisonnée dans l'entreprise.

La confiance réciproque permanente est la clé de voûte d'une telle organisation. Lorsque nous avons racheté une grosse entité il y a quelques années, faisant passer l'entreprise de 800 à 1 600 collaborateurs, nous avons conduit une enquête auprès des collaborateurs. Ainsi, 250 d'entre eux ont insisté sur deux axes forts : une individualisation forte des parcours et un refus du collectif imposé. Nous avons donc opté pour des petits collectifs choisis, comme on les trouve sur les réseaux sociaux, en créant des communautés auxquelles les collaborateurs peuvent s'affilier ou ne pas s'affilier. Finalement, Onepoint est une organisation très horizontale avec seulement trois niveaux statutaires (partner, leader et associate) et de multiples communautés.

Comment construisez-vous la confiance ?
Par des valeurs solides et partagées. On ne recrute pas des profils standard mais des parcours de vie, des visions de ce que signifie le collaboratif. Les valeurs définissent un terrain de jeu dans lequel l'autonomie est très forte et chacun peut s'autodéterminer. Chez Onepoint, ces valeurs sont l'engagement, l'ouverture, l'authenticité,

l'élégance et le courage. Il faut être sur le terrain en permanence et s'affranchir des logiques statutaires…

Comment faites-vous pour inspirer confiance ?

En permettant le droit à l'erreur, par la désintermédiation de la relation managériale, et en incarnant la transformation. La transformation organisationnelle ne vaut pas uniquement pour les consultants. Elle vaut également pour l'ensemble de la structure de Onepoint. Je suis moi-même affilié à pas mal de communautés en étant sponsor, contributeur ou formateur. Et j'interviens aussi chez les clients, ainsi que mon équipe. L'idée, c'est de ne pas être uniquement dans une tour d'ivoire comme le sont souvent les RH. Nous avons osé miser sur la confiance en développant le télétravail bien avant le cadre législatif, dans une logique très ouverte et sans passer par le contrôle de nos collaborateurs.

Dans toutes nos implantations, nous avons fait le pari de l'investissement dans des locaux assez inédits qui incarnent notre organisation : très peu de cloisons, beaucoup d'espaces communs et la possibilité de venir travailler quand on veut. Nous avons investi dans les centres des villes en choisissant de beaux bâtiments restaurés ou aménagés avec des produits de grande qualité et de luxe pour témoigner aux collaborateurs de l'importance qu'ils ont dans l'espace de travail. À chaque fois, nous n'avons pas attendu de pouvoir avoir des signaux suffisants des collaborateurs pour investir et faire confiance. Nous avons fait le pari qu'en investissant, en individualisant, en reconnaissant, la confiance viendrait en retour.

Alors comment avez-vous créé la confiance
sur le plan organisationnel ?

Il n'y a pas de recette miracle. Nous avons questionné nos collaborateurs en nous mettant complètement à nu auprès d'eux, en leur demandant comment ils voulaient travailler. Malgré l'énorme pari, nous avons eu de très bons retours. C'est sans doute de la chance, car les gens étaient plutôt bienveillants et offraient des propositions intéressantes. Nous leur donnions la parole et ils avaient des choses à dire, pertinentes le plus souvent. Nous avons pu en dégager deux grands axes que nous avons repris et adaptés dans un modèle organisationnel. De la même façon, pour la confiance, nous avons adapté les outils à notre système en supprimant les éva-luations annuelles, remplacées par une plate-forme de feedback qui peut être monitorée par le collaborateur lui-même.

Comment individuellement arrivez-vous à donner confiance à des collaborateurs ?

Premièrement, en appliquant vraiment nos valeurs. Voyez, par exemple, la valeur d'ouverture : nous partons du principe que l'autre a raison, donc que tout le monde a le même poids ou qua-siment le même poids dans sa façon de s'exprimer. Deuxièmement, en ne prévoyant pas de parcours de carrière, en laissant la respon-sabilité à chacun. Troisièmement, en libérant la parole, notamment avec le feedback. Chacun peut s'exprimer sur le réseau social d'entreprise sans être modéré. Le taux de confiance des collabo-rateurs dans l'organisation est fort, comme on l'observe dans les témoignages externes sur Glassdoor.

Avez-vous une anecdote qui a créé de la confiance dans un collectif chez Onepoint ?

Il y a une quinzaine de mois, nous avons racheté un cabinet conseil de plus de 400 collaborateurs qui était très traditionnel, avec onze business units qui ne se parlaient pas trop. Nous avons mis en place un programme de convergence durant lequel les dirigeants des deux structures se sont réunis une à deux fois par mois pour mettre en œuvre progressivement le rapprochement. Cela n'a mis qu'un an au lieu des deux ans qui étaient prévus, grâce à une prise de parole possible de tous les collaborateurs avec le PDG qui a dit : « Débordez-vous ! » En moins d'un an, plus d'une centaine de nouveaux business ont été réalisés. Cet événement a été le signe d'une très grande confiance accordée aux équipes, notamment dans la relation avec les clients.

Enfin, quelque chose qui a détruit la confiance ?

Réaffirmer le statutaire. Toutes les personnes qui se sont réfugiées derrière une logique de statut ont brisé la confiance.

8

Matthieu Leclercq,
ancien PDG de Decathlon

Quelle est votre définition de la confiance ?

Elle se donne *a priori*. La confiance, c'est l'action qui génère une croissance, une évolution de la personne, une augmentation du capital humain de la personne. L'absence de confiance comporte plus de risques que de faire confiance. En faisant confiance, on aura des remords ; en ne faisant pas confiance, on aura des regrets.

Comment inspirez-vous confiance ?

La première chose à faire, c'est de donner un cadre, de définir un terrain de jeu, de donner une colonne vertébrale. L'importance de définir un cadre culturel dans lequel les personnes prennent leur autonomie lorsqu'on leur donne la confiance. Ce cadre culturel est défini par moi avec « les ça marche », les valeurs et le sens. Quand on conjugue les trois, on a un cadre culturel explicite qui permet de libérer le potentiel des personnes.

En fait, je transmets la confiance que j'ai reçue notamment dans mon enfance car j'étais dans une école Montessori où l'on ne demandait pas la permission pour aller aux toilettes, on était responsabilisé très jeune avec un collier qu'on devait prendre et redéposer lorsqu'on avait terminé. Deux autres exemples où j'ai reçu la confiance dans ma jeunesse : mon père m'a donné à l'âge de 5 ans un mètre carré de jardin potager où je pouvais faire ce que je voulais, de même ma mère qui m'a simplement dit, à l'âge de 12 ans, en sentant l'odeur de ma première cigarette que j'avais fumée en cachette, que j'étais libre, mais que c'était ma responsabilité par rapport à la santé. J'ai ensuite peu fumé…

Comment faites-vous confiance dans l'entreprise ?

En entreprise, depuis dix ans je demande à mes collaborateurs de commencer par « sauf avis contraire, j'ai décidé que… »

qu'ils appellent le SAC. Mais 95 % du temps, je n'ai pas d'avis contraire. Je ne me substitue pas à leurs décisions… Je leur renvoie la responsabilité de leurs décisions. Le corollaire de la confiance est évidemment la prise de responsabilité par celui ou celle à qui l'on accorde sa confiance.

On vient de vivre une expérience très intéressante chez O'Tera, une chaîne de magasins de produits frais en circuit court que j'ai créée en 2006 : un directeur a décidé de créer quatre nouveaux magasins, trois n'ont pas marché, il les a fermés avec à chaque fois un « sauf avis contraire ». C'est une décision qui a coûté plusieurs millions d'euros… Chez O'Tera, on a 70 % des produits qui viennent de producteurs locaux et la gestion est très décentralisée, laissée totalement à la responsabilité des directeurs de magasin.

On dit souvent que la confiance n'exclut pas le contrôle, moi je dis au contraire que la confiance exclut le contrôle mais qu'elle exige de l'autocontrôle, c'est très différent. Chez O'Tera par exemple, le directeur de magasin reçoit ses comptes d'exploitation hebdomadaires le lundi matin, il les débriefe ensuite avec son manager, c'est un processus *bottom-up* pour permettre à chacun de faire ses commentaires avant son chef, c'est de la subsidiarité pour décider du choix des produits, des marges, des prix d'achats et de ventes, des mètres carrés…

Je ne souhaite pas vraiment parler de Decathlon depuis mon départ, mais je peux quand même vous dire que cette autonomie était réelle notamment pour les directeurs pays et pas forcément dans des pays matures comme la France et l'Espagne.

Comment créer la confiance chez vos collaborateurs dans un collectif (équipe/entreprise) ?

Confiance dans un collectif oui, mais il faut savoir exposer les problèmes, avoir confiance en soi pour oser exprimer ce qui ne va pas, même quand on n'a pas la solution. Dans la culture française traditionnelle, le leader doit avoir la solution quand il expose un problème… Dans une situation de confiance, c'est exactement l'inverse : comme le montre la question de l'écologie dans les produits Decathlon, je l'ai soulevée en disant que je n'avais pas de solution *a priori* et que le problème était réel et que nous devions apporter une réponse aux attentes des clients et plus généralement de la société.

Je suis plutôt partisan du petit collectif dans lequel les personnes fonctionnent en mode coopératif très différent du collaboratif, ce qui implique de discuter avec les personnes qui vont être impactées par la décision, discuter avec des experts s'il y en a, discuter avec des collègues qui peuvent donner un feedback, discuter avec le leader. En mode coopératif, on peut prendre des décisions, même si les autres ne sont pas d'accord. Je ne crois pas à la force d'un collectif pour décider dans la perspective de la personne source, comme l'exprime Peter Koenig. Je crois à la force d'un collectif qui se sent en confiance et qui se sent responsabilisé au service d'une cause portée par quelqu'un. La parabole des talents est intéressante : c'est le regard qu'on a sur les gens qui provoque cette réussite par la confiance, ou pas, que l'on leur accorde. La confiance se donne *a priori*...

Comment avoir confiance en soi en tant que personne, en tant que manager au sein d'une entreprise ?

Pour développer la confiance en soi, il faut apprendre à regarder les moments où l'on a été heureux, être capable de décrire les environnements. Pour ma part, ce sont les environnements où je trouve combinés l'innovation, la rapidité et le plein air. Il faut aussi développer le courage et la résilience en brûlant ses vaisseaux. J'adore cette formule : « *fail, fail again, fail better* ».

Avez-vous une anecdote sur un événement qui a déclenché la confiance au sein de vos équipes, pour vous-même au sein de l'entreprise ?

Pour moi, le bon manager doit avoir des règles du jeu, ou plutôt des systèmes. Mais je dis à mes managers : lisez ces règles et comprenez-les pour désobéir correctement. Il faut savoir désobéir, comme le montre l'exemple de l'armée : il faut savoir désobéir pour gagner une guerre en respectant la règle de l'esprit. Il est important de faire ce qui fait sens pour soi localement... et ça fait sens, raison d'être...

Avez-vous une anecdote sur un événement qui a détérioré la confiance ?

Je suis tombé dans la confiance depuis mon enfance. Or, je n'avais pas la confiance de mes actionnaires, l'association familiale

Mulliez et l'association familiale de mon père, chez Decathlon. J'ai été remercié en juin 2018, mais certains actionnaires parlaient déjà de mon renouvellement en septembre 2017. Nos relations se sont radicalisées. C'est le paradoxe : comment peut-on faire quand on donne la confiance *a priori* et que l'on ne la reçoit pas ? En fin de compte, mon constat a été que mon père ne lâcherait jamais alors que je voulais refonder Decathlon… Il y avait une confusion de personne source entre mon père et moi…

9

Ronan Le Moal,
DG de Crédit Mutuel Arkea

Comment en tant que dirigeant inspire-t-on confiance lorsqu'on se lance dans un projet ou dans une décision difficile ?

D'abord, il faut mettre en place une mécanique du partage de la vision et de sa répétition. Ce qui compte, c'est de rappeler constamment la vision d'ensemble dans laquelle s'inscrit le projet ou la décision. La confiance vient de la répétition, parce que cela permet de bien faire comprendre, mais aussi parce que les gens voient que ce n'est pas un truc éphémère.

Ensuite, il faut que les gens te fassent confiance. Cela suppose, selon moi, une authenticité dans les rapports humains qu'un dirigeant entretient avec ses collaborateurs. Il faut que les gens voient que le dirigeant est « vrai » dans ses comportements, que ceux-ci ne sont pas une sorte de rôle. Cela veut dire aussi que le dirigeant doit donc être en accord avec ses principes, ses valeurs. Encore une fois, il ne doit pas jouer un rôle : il doit être authentique. En fait, on peut aussi parler de sincérité ou d'incarnation. Le dirigeant doit vraiment porter, voire incarner ses projets et ses décisions. Les gens te font confiance quand ils sentent ta sincérité. Mais il y a un paradoxe, parce que la communication de la vision, la manière de travailler avec les collaborateurs, etc., c'est aussi une technique. Il y a des choses à faire et des erreurs à ne pas faire. Il y a donc une sorte de méthode dans ces rapports humains. On pourrait appeler cela le management, d'ailleurs. Or, à partir du moment où il y a une technique, eh bien, on est moins directement authentique. Dès qu'on réfléchit à comment être authentique, on l'est un peu moins.

Il faut donc faire attention à toutes ces méthodes de management. Elles sont évidemment utiles pour leur efficacité, mais elles fragilisent la perception de sincérité du manager. Ce qui est difficile aussi, c'est d'inspirer cette confiance dans toute l'organisation, pas seulement dans son équipe directe. Dans mon cas, je fais du vélo en Bretagne avec l'équipe des collaborateurs de mon entreprise. Ce sont des gens de tout niveau hiérarchique. Et le vélo, c'est dur et c'est très révélateur des qualités humaines. Mes coéquipiers dans cette équipe me voient donc comme je suis réellement et ils voient donc que je suis le même sur un vélo et dans l'entreprise. Eh bien, ils sont mes meilleurs ambassadeurs. Mais après, cela m'engage. Je dois être fidèle à cela. Encore une fois, je dois être authentique et sincère.

Le troisième point qui me semble très important pour inspirer confiance, c'est de faire confiance. Ça, ça veut dire en fait déléguer tout en restant présent pour aider. En fait, le dirigeant devient une sorte de *sparring partner* sur lequel les collaborateurs doivent venir tester leurs idées. Je leur fais confiance et en même temps, je leur propose de venir discuter de leurs idées avec moi. Pas dans un rôle de contrôleur, mais dans un rôle d'entraîneur, de miroir.

Et comment alors faire confiance ?
Comment accepter de déléguer ?
Malgré tous les discours de beaucoup de dirigeants, ce n'est pas simple. Dans mon cas, j'ai choisi l'équipe avec laquelle je travaille. En tant que dirigeant, j'ai pu progressivement renouveler tous les managers travaillant en direct avec moi. J'étais donc certain qu'ils étaient alignés sur mes projets, mes idées… C'est une chance qu'ont la plupart des dirigeants, mais moins les managers qui doivent « faire avec » leurs collaborateurs, si je peux dire.

En fait, je crois que ce qui est vraiment nécessaire, c'est de sentir la loyauté chez les gens à qui vous allez faire confiance. Et donc tout le problème est de savoir comment on perçoit cette loyauté. Grâce à cela, on peut travailler à la fois avec un sentiment de sécurité et dans une certaine intimité : notre travail est difficile au sens qu'il faut prendre des décisions très impactées par l'incertitude et qui ont souvent des conséquences lourdes. C'est pourquoi il est important de ressentir une sorte de sécurité avec son équipe. L'intimité, je reprends ce terme qui n'est pas le mien, aussi est importante. Avec les gens avec qui je travaille, nous partageons des choses plus ou moins confidentielles et je veux être sûr qu'elles resteront entre nous. Je fais aussi cela quand j'échange avec un collaborateur : il doit être sûr que ce qu'il me dit, restera auprès de moi (sauf si nous décidons tous les deux d'en parler). De même, j'aimerais que ce que je dis à quelqu'un ne soit pas systématiquement diffusé.

Faire confiance, est-ce arrêter de contrôler ?
Pas du tout. C'est un point très important. Quand je fais confiance, je contrôle. Bien sûr, je contrôle plutôt le résultat, c'est-à-dire que je m'assure qu'on a obtenu ce que l'on souhaitait. Mais ce que je cherche, c'est surtout qu'on vienne me dire si quelque chose se passe mal. En fait, ce que je veux éviter c'est deux choses. D'abord, je veux éviter les autruches, c'est-à-dire les gens qui taisent les problèmes jusqu'à ce que ce soit trop tard et que ça explose ou que ce ne soit plus réglable. C'est cette forme de contrôle que je pense nécessaire dans un rapport de confiance : je veux juste m'assurer que tout va bien et que personne ne fait l'autruche. C'est un peu fin à faire sans précisément tomber dans le contrôle excessif qui dégrade la confiance. Pour cela, j'essaie de bien faire comprendre que je joue toujours le ballon, pas le bonhomme : je veux dire que, quand je regarde un projet ou le travail fait par un collaborateur, même en cours, je me prononce toujours sur le contenu du projet et j'essaie de contribuer à l'améliorer. Je ne me prononce pas sur le collaborateur lui-même. Ainsi, je pense que les gens auront moins d'appréhension à venir me parler de leurs difficultés avant qu'elles n'explosent.

L'autre point de contrôle qui me semble important, c'est de m'assurer que chacun se comporte de manière responsable, qu'il assume. Ce qui est inadmissible, c'est quand on se défausse parce que c'est injuste pour les autres, mais aussi parce que l'on perd ainsi la compréhension réelle d'où l'on doit agir, de ce qui doit changer dans ses comportements, etc.

Un dernier point ?
La confiance se joue aussi dans la possibilité de se rencontrer, de discuter… pour par exemple éviter de faire l'autruche ou pour discuter avec son dirigeant des problèmes. Or, ce qui est difficile, c'est que nos agendas deviennent infernaux. Ils se remplissent de manière quasiment incontrôlable et donc ça devient extrêmement complexe de maintenir des plages de disponibilité pour être à

l'écoute. C'est un défi. Moi, je me force à m'organiser de manière à ce que tout manager souhaitant me rencontrer y parvienne au moins dans la semaine ou les dix prochains jours. Mais le temps n'est pas extensible. On a aussi nos familles. Le temps devient vraiment un des enjeux principaux dans cette question de la confiance.

10

Jean-Baptiste Morin, DGA de Lagardère Travel Retail

Quelle serait la définition de la confiance selon vous ?
Quelle en est l'utilité dans une organisation ?
La confiance, c'est l'idée de se dire que l'on peut « dialoguer en vérité », que l'on peut faire part de ses difficultés, de ses souhaits, de ses désirs, en vérité avec les gens avec lesquels on travaille. La confiance, c'est, je pense, réciproque. C'est l'idée de se dire que les choses se font quelles qu'elles soient. On se met d'accord sur un objectif, et sur une pratique. Après, on laisse les choses se faire. C'est le principe de délégation, en vérité et en transparence. C'est vraiment un sujet relationnel ascendant-descendant qui permet de prendre du plaisir à ce qu'on fait et de travailler dans la sérénité, dans la sécurité sans avoir l'impression d'être fliqué ou surveillé.

Comment selon-vous un manager doit-il faire
pour inspirer confiance à ses équipes ?
La condition indispensable, c'est la liberté. Si l'on ne donne pas de liberté aux personnes, elles ne peuvent pas être en confiance. Le premier sujet, c'est d'offrir de la liberté dans un cadre. On se met d'accord sur un objectif et une méthode. Il faut que les gens puissent manœuvrer, faire évoluer le projet ou l'activité qu'ils ont à gérer, dans un cadre mais avec une marge de manœuvre importante, une marge de liberté pour pouvoir réussir et éventuellement se planter. La seconde chose, c'est l'ouverture, la disponibilité. Il faut laisser des espaces de dialogue et des espaces pour que les personnes puissent en confiance exprimer leurs difficultés, leurs problèmes et sentir qu'elles ont en leur manager quelqu'un qui peut les aider, qui ne les laisse pas tomber.

Ce que j'ai toujours essayé de pratiquer, c'est de dire la vérité, dès le départ. Ça ne veut pas dire forcément donner tous les détails, toute la vérité, tout le temps en permanence. Ça veut dire cadrer sa communication en disant les choses comme elles sont, sans forcément être stressant, sans forcément être inquiétant. Trouver un bon équilibre d'un flux d'informations régulier qui permette aux équipes de comprendre ce qui se passe.

Est-ce que vous dites à vos équipes dès le début que vous allez être dans cette attitude ?
Est-ce que c'est clarifié dans le contrat relationnel ?

Ma pratique de délégation, d'autonomie des personnes est assez constante. Je pense que le contrat, à défaut d'être explicite, est implicitement connu quand même. C'est comme ça que je fais depuis longtemps. Enfin, je ne suis pas entre guillemets surprenant de ce point de vue-là. On se connaît depuis assez longtemps maintenant avec les personnes avec lesquelles je travaille le plus. Du coup, on sait à quoi s'attendre. Le contrat implicite est vraiment connu.

Comment faites-vous pour donner votre confiance ?

Je pense que c'est une chose qui m'est assez naturelle. J'ai un *a priori* qui se fonde, je dirais, sur l'autonomie des personnes. L'idée que les gens sont grands, majeurs et vaccinés pour la plupart, et qu'ils sont responsables. Je suis en *a priori* de confiance et en *a priori* de délégation. À un moment, quand on évolue verticalement, on doit apprendre à lâcher prise.

Sur des initiatives, des projets, il faut faire des points de passage réguliers. Bien se mettre d'accord sur les objectifs à court terme et puis progressivement, on laisse plus de longueur à l'allonge pour que le cavalier puisse avancer tout seul. Mettre au départ des points de passage à relativement brève échéance permet de s'assurer que la confiance qui est donnée se mérite.

Quel conseil donneriez-vous à des managers opérationnels par exemple pour qu'ils arrivent à faire confiance à leurs équipes, à donner la confiance ?

Le premier conseil que je donnerais, c'est de ne pas forcer sa nature. Si ce n'est pas naturel, ça ne peut pas marcher. Si l'on ne se sent pas, il faut se donner le temps de bâtir des relations avec des gens, des équipes pour donner l'espace à cette confiance. Il y a des gens qui ont besoin d'être plus au contact, d'être informés de manière beaucoup plus rapide et fréquente, qui ont besoin de vérifier. La deuxième chose que je dirais, c'est que si l'enjeu est important et qu'on a un doute sur la capacité de telle ou telle personne, telle ou telle équipe à embrasser un sujet et à le prendre en charge, il ne faut pas prendre de risque inutile.

Troisièmement, ça s'essaye de manière très concrète, en se mettant d'accord avec son équipe. Pour un manager hypercontrôlant par exemple, il faut se dire : « Voilà, sur telle ou telle initiative, je prends la position de m'éloigner un peu plus d'une gestion immédiate et très proche. Et je me mets en distance. » Il faut l'expliciter à l'équipe.

Quels sont vos trucs pour renforcer votre confiance en vous ?

Reconnaître sa vulnérabilité probablement. Admettre ses frustrations. Accepter de dire qu'on ne sait pas tout. On n'est pas capable de déterminer dans le détail tout. Et ça, il faut l'exprimer.

Je pense qu'il y a une chose qui est extrêmement importante aussi, c'est le soutien. Il y a des gens qui travaillent avec moi qui sont amenés à venir présenter des projets, des initiatives en comité exécutif. Ils sont parfois un peu challengés. Je les défends, on tient la position prévue ensemble avant la réunion. Je pense que c'est quelque chose qui m'est reconnu et qui crée de la confiance, et c'est fort.

Pouvez-vous partager une expérience
qui a créé de la confiance dans le collectif ?

J'ai en tête la crise de 2008. J'étais responsable d'une activité *duty free* extrêmement dégradée, brutalement du jour au lendemain, en quelques semaines, le trafic aéroportuaire s'est effondré au premier trimestre 2009. Nous avons posé un certain nombre d'actes sciemment vis-à-vis des collaborateurs et vis-à-vis de mon équipe à l'époque, en disant : « On va prendre un certain nombre d'actions qui sont des actions dures. » Gel des rémunérations… On ne remplaçait plus les gens dans les boutiques, etc. On a été assez cash et assez explicites vis-à-vis des gens. Et ça pour le coup, je pense que ça, oui, ça crée des bases d'une forte crédibilité. Ce gars-là, il prend des décisions. Il les met en œuvre, il les suit. Il les assume. Il ne se cache pas derrière un poteau.

Pouvez-vous nous relater un événement qui, au contraire,
a tué la confiance, dans le collectif, dans l'organisation ?
Mentir. Les gens qui ne disent pas la vérité ou se désolidarisent, ça
n'est pas possible. Cela renvoie à l'exemple de tout à l'heure. En
présentation Comex, je viens avec mon projet sur lequel on s'est
mis d'accord au préalable avec mon patron. Puis, je me fais rata-
tiner : « Mais vous n'y pensez pas, c'est complètement irrationnel
ce que vous présentez là. » Et mon patron ne m'a pas soutenu ou
défendu. Ça a des effets délétères. C'est vrai qu'à partir de là, on
a eu une relation différente. Ça, c'est certain.

11

Carmen Munoz-Dormoy, directrice des activités aval de la R&D du Groupe EDF, ancienne DG de Citelum

Quelle est votre définition de la confiance ?

La confiance est un facteur d'accélération et de diminution des coûts pour les entreprises. Sans confiance, les systèmes et les entreprises reposent sur des personnes qui surveillent d'autres personnes qui surveillent… et cela ajoute des coûts et une perte de temps. Si la confiance n'existe pas, il faut renforcer le contrôle. Prenons l'exemple d'un jeune enfant. Pour tondre la pelouse sans en avoir la compétence préalable ni des résultats, il aura besoin d'être plus contrôlé et accompagné, plus surveillé. Une fois qu'il a acquis la compétence et qu'il a démontré sa capacité à faire, on pourra lui faire confiance et alléger la surveillance. Cela fait partie du management aussi : adapter sa pratique, sa confiance et son contrôle en fonction des équipes et personnes que l'on manage.

Les sujets les plus sensibles concernent les valeurs ou les intentions. Il faut alors parfois se séparer des personnes, des équipes. La base de la confiance est un socle de valeurs communes entre les collaborateurs et l'entreprise.

À quoi sert la confiance ?

La confiance génère de la performance. Si le management est en confiance avec ses équipes, alors il y a besoin de moins de contrôle. Les équipes ont plus d'autonomie, les collaborateurs se sentent mieux et utilisent leurs marges de manœuvre.

Il n'y a rien de plus déstabilisant pour les collaborateurs que d'imaginer ou de redouter en allant au travail qu'un collègue ou un manager ait des mauvaises intentions à leur égard.

Le contexte de non-confiance générera du temps perdu. Le temps et l'énergie seront employés à contrôler, à surveiller et à se protéger plutôt qu'à s'occuper des clients.

La confiance, si elle ne se décrète pas, peut se travailler.

Comment inspirez-vous confiance ?

J'inspire confiance par une communication directe, au niveau de mon expression et de mon écoute. J'évite dans la mesure du possible l'implicite et les non-dits. Et je désamorce les interprétations. Il est important que mes équipes n'aient pas de doute dans les domaines des valeurs ou des intentions.

Des quiproquos et des variations de confiance découlent parfois simplement d'une mauvaise interprétation. Le poids des mots est différent selon les cultures et les personnes. Par exemple, en fonction des cultures, dire qu'une personne est « directe » peut vouloir dire qu'elle est brutale. Les styles de communication sont très différents entre Anglais et Américains, et un feedback peut être vécu positivement ou négativement pour des raisons culturelles.

En communication, il faut faire très attention à éviter de projeter des images ou des idées sur d'autres parce que c'est une source de destruction de la confiance. Par exemple dans une équipe, vous allez voir deux personnes et vous dites à l'une que l'autre dit du mal de son travail, qu'il n'est pas bien fait, et vous passez le même message de médisance de l'autre côté. Vous pouvez être sûr qu'il y aura des conflits dans la semaine qui suit. C'est beaucoup plus facile de détruire la confiance que de la créer.

Au sein d'une équipe, des personnes malfaisantes peuvent avoir un intérêt personnel à détruire la confiance. Important : quand des rumeurs circulent, soit on se morfond et on le prend mal et cela crée une escalade de méfiance, soit on met le sujet sur la table en transparence afin de discerner entre intentions et interprétations.

Ma manière d'inspirer confiance repose également sur le fait que je partage en transparence quand cela va bien et quand ça va mal. Je fais le choix de dire plutôt que de cacher des informations. La transparence est plus de nature à créer de la confiance que l'absence de partage. J'encourage les collaborateurs à poser des questions à leurs managers. Et j'encourage l'exemplarité managériale.

Comment faites-vous confiance ? Donnez-vous votre confiance ?
Je suis devenue assesseur pour le groupe EDF, dans le cadre d'un programme de détection du potentiel des collaborateurs du Groupe. J'ai été formée à éviter de projeter des stéréotypes sur les gens.

Il est important de pouvoir changer de prisme et de comprendre que la manière d'être ou de faire différente n'est pas mauvaise et peut apporter beaucoup. Il y a de la brillance dans la différence. Il faut et il est bénéfique d'accepter et de voir la richesse dans la différence.

Comment créer la confiance dans un collectif ?
L'entreprise s'envisage comme un collectif, nous sommes collectivistes au sein de Citelum. Nous valorisons plus l'action collective qu'individuelle : en communication, nous utilisons des termes collectifs, « nous, nos équipes, ensemble ».

Un collaborateur très brillant et très individualiste aura du mal à trouver sa place dans l'entreprise. Cela rejoint la notion d'intention du modèle de Covey. Quelle est l'intention de l'entreprise : fait-on partie d'une aventure collective ou s'agit-il de jouer une partition individuelle ?

Pour créer de la confiance il faut un cadre commun, un socle de valeurs partagé. Le message induit du cadre est que si quelqu'un ne l'accepte pas, il n'y a pas de confiance possible. Dans une entreprise multiculturelle avec beaucoup de pays comme Citelum nous avons deux lignes rouges : l'éthique et la conformité, et la sécurité des personnes au travail.

Il est essentiel qu'il y ait exemplarité et cohérence managériales dans l'entreprise. L'alignement entre les discours et les actes, une congruence. Les collaborateurs ne peuvent pas avoir confiance s'ils observent des choses différentes de ce qui est dit par la ligne managériale.

Comment avoir confiance en soi ?
Paradoxalement, pour avoir confiance, il faut avoir un niveau de doute raisonnable. J'ai trop peur des gens qui ont trop confiance en eux, qui sont dans l'excès de confiance. La confiance en soi est aussi basée sur l'expérience.

Mon niveau de confiance en moi est moyen, il n'est pas très fort. On peut me faire changer d'avis, me faire reconnaître que je me suis trompée. Je peux changer d'avis sur les gens. J'aime cultiver ce niveau de confiance moyen. Si l'on a trop de certitudes, cela peut être très dangereux. Il faut savoir reconnaître son imperfection et son humanité, avec indulgence. Et fournir ses meilleurs efforts. Nos imperfections sont souvent la force des autres. Il faut en avoir conscience, et s'appuyer sur les forces complémentaires au sein d'une équipe.

Comment aider ses collaborateurs à avoir confiance en eux ?
Il est important dans le recrutement que le collaborateur soit en phase avec les valeurs. Sinon, on ne pourra pas lui faire confiance et il ne pourra pas faire confiance à l'entreprise ni aux managers. Citelum préconise le travail collectif et coopératif et ne va pas chercher à recruter des individualistes.

12

Vineet Nayar, coprésident de la Sampark Foundation, ancien PDG de HCL technologies

Comment définissez-vous la confiance ?
Ma première définition de la confiance est que lorsqu'un enfant saute d'un lit, il a la certitude que sa mère le rattrapera. La confiance est une dépendance et un alignement complets avec l'autre personne, « Je peux totalement compter sur elle »... Vous confiez votre sécurité à quelqu'un d'autre mais l'autre personne doit créer les conditions pour que vous puissiez compter sur elle.

Comment inspirez-vous la confiance ?
Je ne suis pas d'accord avec la combinaison des deux mots « inspirer » et « confiance ». On ne peut pas inspirer la confiance, on peut inspirer les gens mais pour inspirer, il faut avoir confiance. La confiance est le fondement de l'inspiration. Vous devez d'abord établir la confiance, puis vous pouvez commencer à inspirer les gens. Il s'agit d'un processus en trois étapes : 1) l'insatisfaction par rapport au statu quo de la situation existante, 2) une vision de demain qui devrait être très attrayante, 3) une direction de visibilité : comment passer de la situation actuelle à la situation que nous voulons atteindre. Ainsi, lorsqu'il y a confiance, les gens vous suivront dans ces trois étapes.

Comment donner confiance aux personnes et à une équipe ?
Vous devez travailler en tant que collectif, vous devez être bon pour travailler en équipe. La première étape pour être bon dans une activité collective est de créer la confiance. Vous devez, tout d'abord, vous demander : « Pourquoi ai-je besoin de créer la confiance ? » La réponse est : « Parce que je travaille dans un collectif. » Ensuite, la seconde question est : « Que dois-je faire pour créer la confiance ? ». Et la réponse est d'être extrêmement transparent sur les « bons » et les « mauvais ». Plus vous serez honnête et

direct, plus vous créerez la confiance. Au contraire, la méfiance est créée par le manque de communication, le manque d'intention…

Un leadership authentique n'est qu'un aspect de ce qui crée la confiance, ce qui signifie que mon intention est authentique, mais que je dois aussi exprimer mon amour aux autres. Vous devez communiquer votre intention aux autres personnes pour qu'elles soient au courant de votre intention. Un leadership authentique ne suffit pas. Dans l'histoire, à laquelle je fais souvent référence, de la mère qui écrit une chanson pour l'enfant, les intentions sont très importantes. Il est également très important de joindre le geste à la parole.

Faut-il avoir confiance en soi pour pouvoir faire confiance aux autres ?

Les gens qui n'ont pas confiance en eux ne font pas confiance aux autres. C'est une condition nécessaire. Il y a beaucoup de gens qui n'ont pas confiance en eux, mais il y a toujours quelqu'un dans leur vie qui peut leur faire plus confiance ou leur donner le sentiment d'avoir plus confiance en eux qu'ils ne se font confiance eux-mêmes. Une autre histoire : quand j'avais 8 ans, j'ai été expulsé de l'école parce que j'avais jeté de la boue dans la classe. J'étais assis devant l'école et je n'ai rien dit à ma mère pendant quatre-cinq jours. Elle m'a vu et m'a dit : « Pourquoi es-tu assis dehors ? » Je lui ai répondu : « Mes oreilles sont si aiguisées que je peux très bien entendre tout ce qui se dit en classe. » Elle a ri et m'a fait confiance, même si elle ne croyait pas ce que je disais. Elle m'a donné une leçon : quand vous n'avez pas confiance en vous et que quelqu'un vient vous faire confiance, alors vous augmentez la confiance en vous.

Avez-vous une anecdote chez HCL qui illustre bien comment vous avez créé la confiance ?

Sans aucun doute, le 360° était la clé. Je croyais que les employés seraient honnêtes, sincères et comprendraient ce que nous avons essayé de réaliser ensemble. Faire confiance à des dizaines de milliers d'employés était très important au début pour lancer le voyage de transformation.

Avez-vous une autre histoire où la confiance a été détruite ?

Oui, il existe de nombreuses situations où vous avez fait confiance à quelqu'un mais où cette personne vous a utilisé dans cette situation. Je crois au pouvoir de la pièce de monnaie, lorsque vous lancez une pièce de monnaie, 50 % du temps, elle est pile, 50 % du temps, elle est face. Donc, vous ne pouvez pas dire, lorsque vous faites confiance à quelqu'un, que vous obtiendrez en retour la confiance… 50 % du temps, vous n'obtenez pas la confiance en retour. Vous devez disposer d'un mécanisme pour faire face à cette situation de non-confiance.

Même avec seulement 50 % de confiance, il est utile de faire confiance aux autres. Un exemple de situation de méfiance : vous attendez une promotion mais vous n'êtes pas promu à cause de moi, vous pensez : « Vineet était partial, Vineet a ses favoris. » La méfiance a toujours été présente dans ma vie dans certaines situations individuelles, mais jamais dans une situation collective en tant que PDG parce que j'ai toujours essayé d'être très honnête avec les gens. Être toujours franc a toujours été le fondement de la confiance que j'ai envers les équipes.

13

Martin Piechowski, PDG de Chronopost

Quelle est votre définition de la confiance
et pourquoi est-ce important ?

La confiance que l'on a en quelqu'un par rapport à son engagement, sa parole, sa vision des choses et ce que nous partageons, est clé pour m'éviter, en tant que manager, de me poser la question : « Est-ce que ce qu'il m'a dit, c'est la vérité ? » « Est-ce que c'est exactement ce qu'il va faire ? » Ou devoir me questionner sur ce qu'il pense réellement. Je ne peux pas fonctionner en ayant en tête l'idée qu'on me joue un jeu à dix-huit bandes. Quand je dis un truc, c'est que je sais que ça va être fait et je sais qu'on est d'accord avec. Quelqu'un peut me dire qu'il n'est pas d'accord. J'adapte ma position, ça m'arrive.

Comment créez-vous la confiance au sein de votre équipe ?

Il y a plusieurs paramètres. La loyauté est un élément clé. Elle existe au sein de l'équipe, parce que je dis toujours la vérité à mes collaborateurs. Je suis loyal envers eux. La loyauté des personnes de l'équipe, c'est une loyauté envers une équipe et envers un engagement commun. Ce n'est pas une loyauté aveugle envers un chef.

La proximité aussi. J'ai eu de la chance d'avoir eu de vrais grands patrons dont j'ai pu apprendre. Dans ma façon de faire, je reproduis cette proximité avec mes collaborateurs. Je discute, je passe du temps avec chacun d'entre eux de manière informelle et de manière formelle. Bien sûr, la proximité a une frontière, et cela ne doit pas être du copinage.

Communication et transparence : on se dit tout, ça, c'est un point essentiel de mon mode de fonctionnement. Si quelqu'un a quelque chose à dire, si quelqu'un n'est pas d'accord avec, il le dit et c'est naturel. On se « temporise ». La règle de départ, je pense que c'est quand on dit un truc, on le fait et quand on s'engage, on tient cet engagement. On peut ne pas le tenir, mais on prévient et on explique, et on se donne une seconde chance d'être au rendez-vous, mais dans un paramétrage un peu différent.

La confiance est liée à la notion de durée. Ça fait douze ans que je suis chez Chronopost, neuf ans que je dirige cette entreprise. Je suis l'adepte d'une approche durable, à opposer aux organisations qu'on rebat tous les deux-trois ans à l'américaine. On a la chance d'avoir un actionnaire qui nous a fait confiance. On lui a rendu cette confiance. Chronopost est une boîte plutôt structurée, assez exemplaire sur un nombre de choses et « plutôt bien organisée, qui produit, qui contrôle son marché ». Cela donne confiance.

Comment la confiance dans le collectif se construit-elle ?

La confiance permet l'adhésion aux projets de l'entreprise et donne envie aux personnes ; elles ont plus d'énergie, elles sont plus créatives. J'ai eu la chance d'avoir des collaborateurs qui me proposaient plein d'idées. La confiance chez Chronopost se traduit probablement différemment que dans une entreprise comme UPS, par exemple.

Concrètement ?

C'est notamment « laisser faire » les gens mais dans un « paramétrage » de la confiance qui est propre au contexte de son entreprise, de son actionnaire, de son groupe, de son marché…

Je laisse agir, mais dans la confiance car il y a un certain nombre de règles à respecter. On les apprend. Tu fais ce que tu veux, mais attention à ces règles. Ainsi on doit respecter un certain nombre de fonctionnements vis-à-vis de la maison mère et ça, je l'ai dit à mes collaborateurs : « J'ai confiance en toi. Tu as donc la main et tu as une liberté d'agir. Mais attention, on a quelques règles impératives à respecter. »

Je pense que c'est bien de ne pas avoir des choses figées au départ, de faire fonctionner l'entreprise, l'équipe dans une sorte de foisonnement d'idées, d'adaptation permanente. Je considère qu'on doit être en mesure d'avancer avec une capacité d'adaptation aux contextes qui nous entourent. Chronopost est très bien structurée pour avancer dans ce sens.

La maison mère de Chronopost nous fait confiance. Paul-Marie Chavanne, son PDG, en est le relais ; il est le meilleur défenseur de notre modèle. Ce modèle où la confiance déplace des montagnes. La confiance chez nous, c'est l'esprit d'entreprendre, cette liberté d'agir et de prendre des décisions qui fait qu'on est là où on est avec nos résultats.

Comment un manager inspire-t-il confiance ?

Manager, c'est celui qui s'adapte, qui construit sa façon de faire, son mode de management par rapport à l'environnement, il construit son lien de confiance avec ses collaborateurs, avec sa direction, avec son entreprise, avec ses collatéraux… Manager par la confiance, c'est aussi être soi-même. La confiance dans le dirigeant tient au fait qu'il est celui qui prend les coups en externe et en interne. Je libère mes collaborateurs de cette pression. Je ne dis jamais : « Tiens, c'est toi qui dois gérer. » Non, je prends des coups avec eux en ce qui peut concerner la boîte au global ; c'est moi qui les prends, et je ne me défausse jamais sur mes collaborateurs.

À mon niveau, tu ne peux pas dire, il y a un vrai sujet, un vrai risque pour l'entreprise et c'est la faute d'Untel ou Untel… Les dirigeants doivent avoir ce courage d'assumer pleinement leurs responsabilités.

C'est pour ça que je dis souvent : « Il faut avoir l'ambition toujours en avance. » Il ne faut pas avoir peur de défendre ses convictions jusqu'à la limite de la rupture. C'est ça qui fait la différence. Si l'on commence à s'autocensurer, si l'on commence à ne pas aller au front et avoir le courage de défendre ses collaborateurs et donc d'être en première ligne quand il faut être en première ligne… et avoir le courage de défendre son point de vue quand on nous fait des reproches ou quand on nous demande de changer la stratégie de la boîte, ou quand ça devient vital pour l'entreprise, pour son avenir et son futur, alors on perd la confiance de ses collègues.

Défendre ses convictions crée un énorme capital confiance dans le dirigeant d'une équipe de direction chez ses équipes.

14

Bernard Ramanantsoa,
DG honoraire de HEC Paris

Qu'est-ce que la confiance ?
La meilleure définition c'est celle de Simmel sur la suspension de la rationalité. Vous faites confiance, alors qu'il pourrait y avoir un doute rationnel. Eh bien, malgré ce doute rationnel, vous passez outre. C'est ça la confiance.

Deux choses, la première c'est important, mais on n'y croit pas ; et la seconde chose qui n'est pas indépendante de la première, c'est on ne peut pas faire autrement, c'est-à-dire on ne peut pas être sûr de son coup à tous les coups.

Le premier point on n'y croit pas beaucoup et c'est le propre de la confiance. C'est pour ça qu'on a développé des contrats et des tas de moyens de faire en sorte qu'on n'ait pas à se poser la question : « Est-ce que je peux lui faire confiance ? » Et malgré cela, malgré les contrats à l'américaine qui font 500 pages, le contrat ne suffit pas et il vient toujours un moment ultime où vous êtes obligé de faire confiance.

À partir de quel moment peut-on justifier la nécessité
de la confiance ?
On va revenir à l'entreprise classique, je ne suis pas sûr que les salariés puissent vous faire confiance en même temps que les actionnaires parce que ce sont des intérêts contradictoires. Et c'est aussi pour ça que par exemple, on essaie de développer l'actionnariat salarié. On se dit qu'on va essayer d'aligner les intérêts de tout le monde.

Comment pensiez-vous quand vous étiez DG d'HEC
qu'il fallait agir pour créer la confiance vis-à-vis
de vos collaborateurs, vis-à-vis du corps enseignant,
vis-à-vis de vos actionnaires, vis-à-vis des étudiants ?
J'ai essayé de rationaliser *a posteriori*. J'expliquais beaucoup de choses, je passais beaucoup de temps à expliquer la façon dont

je voyais les problèmes. Alors évidemment, après il y a des règles de base, il ne faut pas promettre et être pris en flagrant délit de mensonge.

Certes, c'est plus facile si vous n'avez pas à dire à un moment donné et par anticipation, qu'il va falloir faire des sacrifices inacceptables car personne ne peut comprendre pourquoi il est licencié. On peut toujours vous dire « si ça ne marche pas, vous ne serez plus dans l'entreprise demain », mais expliquer cela à quelqu'un, pour moi c'est déjà rédhibitoire en termes de confiance.

D'où toute la difficulté du discours. À la fois vous êtes obligé de tenir des discours, mais il y a aussi les actes. Le problème, c'est que le discours essaye de gommer ou de lisser les contradictions inhérentes à l'action et au pouvoir. Il s'agit en fait de ne jamais mentir et d'essayer de ne pas créer d'injonction paradoxale. Concernant la confiance dans un collectif, il y a une réponse qui me vient en tête, il tient à deux styles de leadership qu'on apprend en première année, si je puis dire.

C'est le charisme ou le consensus : le consensus c'est facile, vous essayez de faire se dégager un consensus. C'est facile à expliquer mais il y a une limite toujours au consensus. Le charisme c'est la confiance par vous-même : « Suivez-moi, vous verrez, on ne peut que s'en sortir. » D'abord, ça ne se choisit pas. Vous ne pouvez pas dire : « Demain matin, je serai charismatique ou demain matin je serai consensuel. » C'est peut-être les gens qui sont au-dessus de vous qui doivent choisir à un moment donné un type de leadership.

En choisissant un patron, ils doivent se poser la question de son type de leadership. Ce n'est pas vous qui pouvez décider si demain matin vous serez charismatique ou consensuel. Sur le charisme, c'est quelquefois mystérieux : pourquoi suivez-vous quelqu'un ? On fait toujours référence au Christ, et pour être plus contemporain, évidemment de Gaulle est le bon exemple.

Dans le cas du charisme, les gens vous font confiance quand il n'y a pas de mensonge et tant que ça marche… Et la confiance va aller croissante, c'est-à-dire on va vous laisser plus de temps et plus de chance si ça marche. Mais le jour où il y a un grand mensonge ou un grand échec, évidemment, il faut en tirer les conséquences.

Dans les sociétés qui rencontrent des crises ou de la récession, est-il possible de continuer à avoir confiance dans les leaders ?

Si vous êtes sur un bateau et que c'est la tempête, on ne va pas vous reprocher d'être dans la tempête, sauf si c'est vous qui avez conduit le bateau dans la tempête. Mais si personne n'avait vu que la tempête allait se lever, on va regarder comment vous pilotez le bateau pendant la tempête, voilà. Et si vous le pilotez bien, vous, le capitaine pendant la tempête, la prochaine tempête ce sera quelque part plus facile à piloter. Si en revanche, c'est vous qui avez dit on va prendre telle route, on va faire telle route et que cette route-là conduit à la tempête, là vous êtes déjà mal parti.

Concernant le leader consensuel, le discours a toujours été autour du consensus, même quand vous avez des leaders charismatiques. D'ailleurs personne ne vous dit : « Mais moi, je ne suis pas consensuel. » Tout le monde vous dit : « Je cherche à être consensuel, je cherche à faire participer tout le monde. » Y compris les grands leaders charismatiques. Les grands leaders charismatiques disent d'ailleurs : « Moi, j'embarque toutes mes équipes et il faut que mes équipes me suivent. »

Est-ce que cette forme de leadership, cette aspiration à davantage de consensus favorise l'émergence d'une plus grande confiance dans les organisations ?

Je crois que ça n'a rien à voir. Le discours circulant sur le consensus masque un certain nombre de réalités. Le discours sur le consensus « Moi je travaille en équipe, je fais tout ça en équipe, etc. », tous les patrons le tiennent. C'est après qu'il faut faire de la recherche et creuser la chose, car certains ne travaillent pas en équipe et ont du succès. Si vous avez un collègue dont la division marche très bien et que toute la boîte en profite, qu'est-ce que ça veut dire lui faire confiance ?

Il peut y avoir peu de travail en équipe, ça ne veut pas dire qu'il n'y a pas confiance ; il peut y avoir confiance dans le patron. Pour les chercheurs ce n'est malheureusement pas aussi linéaire.

Y a-t-il des moments qui créent la confiance
dans les organisations ?

Quand les gens savent que vous êtes en train d'engager votre avenir professionnel pour les défendre, je pense que là il y a un accroissement de la confiance. *A contrario* quand les gens voient que vous sauvez vos fesses en priorité, c'est dur de revenir en disant : « Faites-moi confiance. ».

Mon conseil est : « Méfiez-vous des mensonges et méfiez-vous des mensonges par omission d'ailleurs, méfiez-vous des injonctions paradoxales. »

15

Roland Reitter, professeur spécialiste de la confiance organisationnelle

Qu'est-ce que la confiance ?

La confiance est l'état d'esprit dans lequel se trouve quelqu'un qui, dans une interaction et à un moment donné, estime que son partenaire ne tirera pas volontairement parti d'une asymétrie de position, d'information ou de compétence.

Cet état d'esprit est temporaire. Il incline à suspendre, au moins provisoirement, le doute rationnel envers l'autre. Son pendant est la défiance, et l'on peut passer de l'un à l'autre.

Avez-vous des exemples ?

Dans un dessin des *Peanuts*, Charlie Brown s'apprête à tirer une pénalité au rugby. Lucy tient pour lui le ballon vertical au sol. Elle a un petit sourire sarcastique. Charlie peut-il lui faire confiance, alors qu'elle peut très bien faire en sorte qu'il rate son coup ? Cette situation est aisément modélisable : l'état d'esprit de Charlie dépendra de l'historique des épisodes passés comparables, des enjeux de l'événement pour l'avenir, du contexte de l'événement (y a-t-il des témoins de la scène, le match est-il soumis à des règles officielles ?) et des signes permettant de décrypter les intentions de Lucy (son sourire ou ce qu'elle dit). En termes plus généraux, la suspension du doute raisonnable dépend de la mémoire de l'acteur, de ses anticipations, du contexte et de sa lecture de la situation.

Ce modèle est dynamique : les protagonistes parlent, agissent et interagissent. Des processus de don/contre-don, de constructions symboliques du type « nous formons une vraie équipe » ou d'affrontements destructeurs peuvent se développer. Chaque épisode laissera des traces dans les mémoires, les anticipations, les jeux sociaux.

Comment cela se passe-t-il dans les organisations ?

Dans le cas des interactions au sein des organisations, il peut y avoir un leader, et celui-ci peut influer sur ces construits sociaux par les messages verbaux ou non qu'il émet. C'est ce que nous appelons la construction d'une identité narrative : construction d'une mémoire collective et ouverture d'une perspective collective, par la mise en intrigue signifiante des épisodes successifs.

Confiance et défiance sont des construits temporaires ; ils influencent des comportements, fonctionnels ou dysfonctionnels par rapport à la raison d'être de l'entreprise, qui est sa capacité à faire collaborer des détenteurs de ressources diverses en vue de créer un avantage concurrentiel.

Avez-vous des exemples que vous avez vécus affectant la confiance ?

Deux exemples, que j'ai vécus récemment, de « narraction » créant ou affectant la confiance.

Prenons Ralph, haut potentiel, qui a accepté d'aller remettre à flot une unité en difficulté. Il l'a fait, après une réunion avec son chef hiérarchique, qui lui a promis la reconnaissance de la firme, et avec le contrôleur de gestion, qui lui a montré les chiffres. De nouveaux investissements devaient permettre de sauver l'activité. Ralph a déménagé. Le soutien financier a été parcimonieux ; Ralph a dû couper dans les coûts, jusqu'au moment où il a mis en garde sa hiérarchie sur le fait qu'on allait mettre en danger les compétences mêmes de l'unité. On lui a demandé de poursuivre. Après quoi, le contrôleur de gestion a écrit sur lui un rapport négatif, et son supérieur hiérarchique a publiquement « admis » qu'il s'était trompé sur son compte.

Il y a deux ans, Hervé Colas prit, à 56 ans, la présidence du groupe familial CHD (vingt-cinq cabinets d'expertise-comptable, plus des filiales spécialisées), suite aux décès successifs de son frère aîné et de son père, qui était le fondateur de l'entreprise. Ses associés et ses collaborateurs étaient très inquiets de leur devenir – l'histoire de la profession est pleine de cas de rachats de groupes comparables par des sociétés plus importantes et, en général, beaucoup moins conviviales. Aux funérailles de son père, Hervé Colas choisit de faire une promesse symbolique forte, en associant à CHD le souvenir, toujours prégnant dans sa famille, de sa petite sœur morte quelque cinquante ans plus tôt ; il promit de ne jamais vendre sa petite sœur (c'est-à-dire l'entreprise familiale) aux enchères. Par là, il instituait un tiers garant de son identification à l'entreprise et ouvrait un projet commun en conservant la perspective familiale. Certes, l'incertitude face à l'avenir ne peut jamais être levée, mais cet engagement, par sa solennité, a sans doute levé bien des angoisses.

Un exemple plus personnel ?

Je pourrais en donner, mais je ne le ferai pas, car je veux être cohérent : si je vous raconte les bénéfices mutuels engendrés, disons, par le pacte de confiance entre ma femme de ménage non déclarée et moi, je crée une asymétrie d'information entre vous et moi et, n'y voyez rien de personnel, mais puis-je vraiment vous faire confiance ?

Je préfère donc rester dans le confort douillet du concept et vous livrer un « précepte général de sagesse » sur la confiance. Soyez économe quant à son utilisation ; quand ça marche, c'est un atout, mais c'est très fragile. On ne maîtrise pas le temps et ses aléas. C'est contraignant quand la confiance est trahie, la restaurer est très compliqué. Ne vous engagez donc pas à la légère dans un discours-exhortation. Ne promettez la libération des entreprises que si vous n'en êtes pas le chef.

La confiance, c'est comme le leadership, on peut s'en dispenser. On peut concevoir les entreprises comme des ensembles de contrats explicites, formels, assortis de récompenses et de pénalités. Ces contrats régulent les interactions verticales et horizontales. Au-delà de ces contrats-là, on s'engage dans l'implicite, le psychologique. L'action gagne en rapidité, mais seulement si la « narraction » peut garder sa cohérence et sa crédibilité face aux vicissitudes du réel.

16

Ingrid Robil, leader Développement Humain de Norauto

Quelle est votre définition de la confiance ?

La confiance est la base de la relation de travail ou toute autre relation humaine. S'il n'y a pas de confiance, alors on ne peut pas mener des projets en commun, avancer ensemble. Sans confiance, on ne pourra pas construire un projet de manière sereine et optimale. La confiance est une valeur fondamentale, c'est la valeur de base qui fait que tout le reste pourra fonctionner.

Comment inspirez-vous confiance ?

J'inspire confiance en étant transparente dans tout ce que je fais. Je dis ce que je peux dire et que je suis en mesure de dire. De par ma fonction, il y a évidemment des choses que je ne peux pas dire, mais mes équipes le comprennent très bien. Mes équipes savent que si je leur « cache » quelque chose, ce n'est pas contre elles, c'est qu'en tant que manager ; l'on ne peut pas faire autrement parce que les informations étaient confidentielles ou réservées – au moins temporairement – au management.

La transparence est le maître mot pour inspirer confiance. Cela s'applique également dans ma posture de managé. Je dis tout à mon manager et j'ai la liberté, je suis à l'aise et mise à l'aise pour lui faire part de mes faiblesses et de mes doutes, et cela doit sans doute le rassurer sur le fait que je ne lui cache rien.

Le fait d'être exemplaire vis-à-vis de mes équipes leur donne confiance également. Je travaille à côté d'une partie de mes équipes, je suis accessible pour mes collaborateurs et ils le savent. Il y a évidemment une saine distance. Le reste de mes équipes a la particularité d'être basé en région. La confiance est d'autant plus importante, parce que je ne peux pas les surveiller (le respect des horaires par exemple), mais même si elles étaient auprès de moi, ce style de management très « années 1980 », basé sur le contrôle et le flicage ne me correspond pas. Cela confère aux équipes un degré d'autonomie fort. J'explique aux équipes où l'on veut aller, pourquoi, en leur disant que la manière dont elles vont y arriver leur appartient.

Comment faites-vous confiance ? Qu'est-ce qui vous donne confiance, en tant que personne et manager ?

Pour donner confiance à mes collaborateurs et me donner confiance, j'ose montrer mes difficultés sans montrer qu'elles me déstabilisent. J'assume publiquement mon incertitude, parce que je pense que c'est humain et que cela rassure les équipes, car elles vont vivre la même chose à un moment donné, parce qu'elles sont humaines elles aussi.

Comment créer la confiance dans un collectif ?

Ce n'est pas toujours facile. En tant que manager, des décisions sont prises par l'entreprise auxquelles on ne souscrit pas toujours et on doit les endosser vis-à-vis des équipes.

Je crois à la vertu de la parole, au fait par la discussion de revenir au pourquoi, et au fait de donner du sens. Par exemple, les collaborateurs qui critiquent et sont négatifs, il faut aller les voir et les questionner sur ce qu'ils vivent et pourquoi ils adoptent cette posture, et leur redonner, réexpliquer le sens et le pourquoi des choses.

Les valeurs humaines sont prédominantes chez Mobivia. Bien qu'on ne communique pas formellement dessus, la confiance se vit naturellement parce qu'elle est importante dans les relations entre collaborateurs. Quelqu'un qui n'inspirerait pas confiance, qui serait maladroit dans ses relations, aurait du mal à se faire accepter chez Norauto et à prendre sa place.

Comment avoir confiance en soi en tant que personne, en tant que manager au sein d'une entreprise ?

Le manager est quelqu'un qui pour former, faire acquérir de l'expérience par l'autonomie et la découverte de sa propre capacité, laisse « patauger », laisse essayer le collaborateur. Quand le collaborateur a réussi, il s'est prouvé à lui-même qu'il en était capable. Ce qui est excellent pour son capital confiance.

Ce qui me donne et entretient ma confiance, c'est de penser aux réussites de la journée. Le soir dans ma voiture, je repense à mes succès, je peux être fière de moi, de mes équipes, de mes collaborateurs. Développer sa capacité à voir le positif est essentiel.

Avez-vous une anecdote sur un événement
qui a déclenché la confiance au sein de vos équipes,
pour vous-même au sein de l'entreprise ?
Dans une entreprise précédente, j'ai eu à travailler avec une personne dans mon équipe qui était au préalable managée par une personne au style totalement opposé au mien, et que la collaboratrice appréciait énormément.

Je ne partais pas avec un fort capital sympathie… J'étais très jeune. J'ai cherché à donner du sens à cette évolution pour la collaboratrice en lui disant que mon objectif n'était pas de lui donner ce que je n'avais pas envie de faire. J'ai expliqué le pourquoi et l'apport, le sens de ces actions administratives, sa finalité pour les collaborateurs. J'ai pu comprendre là où ma collaboratrice prenait du plaisir et là où elle n'en prenait pas, et j'ai cherché à maximiser ce qui lui faisait plaisir. À ce moment-là j'ai assisté à un complet retournement dans son comportement ; et à la fin, elle était surengagée dans ses missions.

Avez-vous une anecdote sur un événement
qui a détérioré la confiance ?
Dans une expérience précédente, je partais de mon poste pour aller vers une autre business unit. On devait migrer un collaborateur vers cette même business unit. Le salarié était positif, content de changer, cela lui donnait de nouvelles perspectives. L'entreprise voulant être certaine qu'elle respectait sa politique en s'assurant que le salarié ne gagnerait rien de plus dans le cadre de son nouveau contrat. Nous avons dû entrer dans une décomposition et un calcul des avantages et revenus des deux côtés et au final présenter et justifier au salarié une réduction de son fixe de 50 euros. Cela a été perçu comme de la mesquinerie, et nous avons perdu la confiance du collaborateur. La relation de travail dans son nouvel environnement s'est finalement faite dans la méfiance parce qu'il pensait avoir été arnaqué. Il n'est pas resté très longtemps dans la nouvelle business unit et a quitté l'entreprise.

17

Olivier Storch, EVP de DPDgroup

Qu'est-ce que la confiance ?
La confiance, c'est le ciment de la relation entre les gens. Sans confiance, il n'y a pas de société, il n'y a pas d'économie, donc c'est un échange immatériel dans la société qui inspire toutes les relations humaines. S'il n'y a pas de confiance, il n'y a pas de raison que les clients fassent appel à l'entreprise. Il n'y a pas de raison que les fournisseurs travaillent avec l'entreprise. Ça concerne les salariés, ça concerne les fournisseurs, ça concerne les clients, ça concerne les investisseurs.

Comment faites-vous pour inspirer confiance
à vos collaborateurs, vos collègues, vos partenaires ?
Je pense qu'il y a deux-trois caractéristiques ou il y a deux-trois valeurs pour inspirer la confiance. La première, c'est vraiment la transparence. La deuxième, c'est l'honnêteté, c'est-à-dire qu'il faut être à la fois transparent et puis il faut être honnête quel que soit, je dirais, le prix de l'honnêteté. Cela permet déjà d'avoir un niveau de dialogue au fond sur les choses. Je mettrais une troisième valeur à côté de la transparence et de l'honnêteté, c'est un souhait au-delà de l'empathie, ce n'est pas exactement la bienveillance, c'est pour moi le souhait d'émuler les autres.

Que voulez-vous dire par là ?
Les gens sont intéressés à interagir avec toi s'ils pensent qu'ils vont en retirer quelque chose. Je ne parle pas d'un profit égotique. Je parle de la capacité peut-être à se dépasser soi-même, à faire des choses qu'ils n'imaginaient pas faire et ça, c'est absolument déterminant. C'est-à-dire que c'est la raison pour laquelle les gens viennent vers toi. Sinon, ils resteraient dans leur coin au-delà de gérer la relation hiérarchique, les gens peuvent venir te voir parce qu'ils doivent te rendre des comptes. Ils peuvent certes venir te voir parce qu'ils ont des problèmes et ils préféreraient les partager avec toi. Mais je crois fondamentalement que la raison pour laquelle des

collaborateurs vont passer la porte d'un manager, c'est parce que au-delà de ce problème à partager, au-delà de cette obligation de reporter, il y a probablement le souhait, le désir d'être émulé.

Comment faites-vous ?

Je pense qu'il faut vraiment rester fidèle aux valeurs qu'on professe. Je vais en citer quelques-unes : le travail et le succès. Si l'on se retrouve dans un système où les gens réussissent ou échouent, ils ont droit à la même chose à la fin, il n'y a pas de vraie rétribution du succès. Un autre élément, c'est l'empathie. Si le responsable est là uniquement pour se servir d'eux, se servir de leur travail, je pense qu'il n'y a aucune adhésion à continuer à collaborer avec quelqu'un qui se nourrit de toi sans jamais prendre en compte tes aspirations propres.

Vous avez parlé de quatre valeurs : transparence, honnêteté, émulation des autres, contrat moral. Comment aligner ces valeurs avec son comportement ?

C'est revenir à l'écoute : « Est-ce que j'ai bien compris quel était le contrat moral implicite vu de son côté et en quoi est-ce que je le respecte ou je ne respecte pas les clauses de ce contrat moral implicite ? » C'est très facile de faire passer ses objectifs et ses contraintes avant celles des gens qui ont mis en toi leur confiance.

Dans nos organisations sociales, plus on monte, moins on a de feedback. L'absence de feedback rend nécessaire d'une certaine manière l'attention à l'écoute vis-à-vis d'autrui. Sinon, on n'a pas de point de repère extrêmement formel, récurrent, régulier qui peut permettre de se remettre dans un alignement par rapport aux valeurs que j'évoquais.

Comment donner sa confiance ?

Le premier élément, c'est l'engagement. Quand il y en a qui ne sont pas investis, c'est un vrai problème. Je pense qu'il vaut mieux se séparer de gens peu ou pas investis que de les conserver par définition dans une équipe, parce que ça crée une espèce d'état d'esprit délétère. Et puis parfois, les gens ne sont pas investis parce qu'ils considèrent à tort ou à raison que leurs responsabilités ne sont pas assez respectées et ça, il faut l'entendre.

Le deuxième élément, c'est qu'ils soient en mesure de recevoir cette confiance. Non pas tellement d'un point de vue de compétence technique, mais il faut qu'ils reconnaissent aussi qu'il y a une confiance qui est donnée. Rien n'est pire que la trahison de la confiance sur le fondement de « Mais je n'avais pas compris que c'est ce que tu me demandais. On n'en a jamais parlé de manière explicite. Ce n'était pas évident pour moi que j'avais cette responsabilité ». Donner de la confiance, c'est donner une responsabilité. Donc il faut que la personne qui reçoit la responsabilité reconnaisse que cette responsabilité lui est conférée.

Y a-t-il une reconnaissance implicite ou explicite de cette confiance donnée ?

Plus je vieillis, plus j'essaie d'expliciter les choses. Parce que l'implicite est souvent un piège pour tout le monde. On est dans une zone d'ambiguïté où soit l'un n'avait pas été clair, soit l'autre n'avait pas à bon escient ou à mauvais escient compris. L'ambiguïté nuit à la confiance. Si la confiance est basée sur la transparence, sur le fait d'inspirer ou de donner, de recevoir, plus c'est explicité, mieux c'est. Expliciter ne veut pas dire formaliser à l'excès. Le contrat moral a beau être implicite entre deux personnes, c'est important à certains moments d'expliciter la relation. C'est-à-dire la différence entre la confiance générique qui peut régner dans une entreprise, et la confiance spécifique entre deux individus dans le cadre d'une relation de travail : la confiance générique repose sur un contrat, la confiance spécifique entre deux individus présuppose d'une certaine manière que ce contrat implicite soit explicité.

Comment faites-vous pour créer de la confiance dans un collectif, dans une équipe, dans une organisation que vous avez dirigée ?

Le premier critère à mon avis c'est de traiter chacun de manière juste et équitable. Quand les gens ne se sentent plus traités de manière équitable dans un collectif, il y a les chouchous et il y a les mauvais canards, et ça détruit totalement la confiance. C'est-à-dire que tout ce qui est fait, tout ce qui est dit, est filtré à l'aune du favoritisme ou de l'absence de favoritisme. Le second élément est de donner des missions claires et définies aux uns et aux autres et de ne pas faire en sorte que les missions se recoupent, se superposent, etc.

C'est pourtant la norme, si l'on regarde le monde du travail, de nombreux managers dans une paresse managériale superposent les responsabilités avec des frontières floues.

Qu'est-ce qui détruit la confiance dans une organisation ?
Le projet collectif est fondé sur des valeurs, si ces valeurs sont trahies, c'est très grave, et c'est très dur en tant que dirigeant et pour toutes les équipes. Il y a une forme de divorce de loyauté, car tu n'y crois plus.

18

Jérôme Stubler,
président de Vinci Construction

Quel rôle joue la confiance dans votre organisation ?

Notre signature « bâtir sur la confiance » a pour objectif de faire un jeu de mots sur le fait que nous sommes des bâtisseurs, des constructeurs en indiquant qu'on ne construit pas uniquement sur des fondations solides, mais aussi sur la confiance.

Il y a quatre champs principaux d'expression de celle-ci : nous sommes une entreprise décentralisée. Cette décentralisation nécessite de déléguer les décisions. Notre système est basé sur la confiance qu'on transmet à nos collaborateurs qui leur donne une capacité à devenir entrepreneurs. Comprendre les limites de ce qu'ils peuvent faire leur donne une grande liberté d'action ; la confiance qui leur est transmise leur donne aussi une grande responsabilité.

Le deuxième élément, c'est la confiance partenariale avec nos clients. Lorsqu'on réalise un ouvrage de construction, si pour nous c'est le énième ouvrage de construction dans un domaine particulier, c'est souvent « l'ouvrage » pour un client. On bâtit une relation de confiance partenariale avec nos clients où l'on se dit les choses, on partage les problèmes : on se met tous les deux du même côté de la table et on met le problème de l'autre côté de la table.

Le troisième secteur d'expression de la confiance, c'est la confiance réputationnelle : on est là pour faire, pour livrer dans les temps, dans les délais, dans les coûts.

Le quatrième élément, c'est faire confiance à l'intelligence humaine de l'entreprise pour résoudre les problèmes non résolus, dans notre capacité à innover, en particulier pour résoudre des problèmes majeurs qui s'imposent à nous.

Pour revenir sur la confiance relationnelle, elle est basée sur une explication la plus claire possible des éléments intouchables de l'entreprise : quelles sont les lignes rouges de l'entreprise ? Que cela soit dans la culture de l'entreprise, pour se concentrer sur nos projets, sur nos clients, sur l'analyse d'une situation, en se reposant sur ce socle commun de la confiance entre nos collaborateurs. On sait qu'Untel se comporte correctement au bout du monde dans son agence parce qu'on sait qu'il connaît les « intouchables » de l'entreprise.

Dans nos valeurs, on a structuré bienveillance et exigence comme les moteurs de la confiance. L'exigence, c'est ce qui fait qu'on va avoir confiance en la personne parce qu'on va monter le niveau d'exigence. La bienveillance permet d'être un régulateur relationnel qui fait que la confiance humaine ne se casse pas pour un détail, permettant toujours l'ouverture au dialogue, la transmission des informations et que les choses clés soient dites.

Jusqu'où faut-il aller ?

Sur des projets où il y a eu des crises très fortes, on a généré des relations de confiance incroyables entre nous et nos clients à la fois sur le projet et les projets futurs parce qu'on se met du même côté de la table, et on met le problème de l'autre côté. Quand le problème est énorme, on est obligés de le faire, on se serre les coudes vis-à-vis de sa hiérarchie et on trouve une solution qui convienne à tout le monde.

On estime que dans nos projets, un projet où l'on se fait confiance réduit l'écart de prix de 5 à 30 %. Car si l'on ne se fait pas confiance, on va mettre du temps à décider, des pans de chantier restent figés avec des coûts énormes qui se cumulent.

Il y a d'autres règles que vous voyez ?

Le respect humain, mais aussi le respect des organisations. Quand vous avez autour de la table plusieurs interlocuteurs, et que vous êtes en train de construire un immeuble, pour un banquier par exemple, celui-ci vous fait confiance pour que vous lui apportiez l'intégralité de votre savoir sur la manière dont il doit élaborer son bâtiment. On est là pour apporter et partager ses connaissances pour les compléter, plutôt que de considérer que l'autre est un ignorant dans son domaine, parce que dans ce cas, le risque est que le client sente qu'on est alors en train de vouloir l'avoir. Là, la confiance va s'arrêter rapidement.

Quand vous entrez dans une salle sans connaître votre interlocuteur et que vous avez un temps court pour établir une relation, il est essentiel d'établir une relation la plus honnête et la plus franche possible… une vraie sincérité relationnelle.

Cela prend-il du temps de construire la confiance ?

Chez Vinci, vous entrez dans l'entreprise, sur un chantier par exemple, et progressivement, on vous donne une grande liberté d'action sur un terrain qui s'élargit petit à petit. Notre principe fort est qu'on a le droit à l'erreur, parce que si nos collaborateurs ne peuvent pas faire d'erreurs, ils ne peuvent pas être entreprenants et ils ne se développent plus, ni l'entreprise.

En revanche, il ne faut pas qu'ils fassent de fautes sur les sujets qui sont le cœur du système de management de Vinci : je suis ingénieur sur le chantier, je ne peux pas enfreindre les règles de sécurité. Je suis patron, je ne peux pas enfreindre les règles de gestion financière de l'entreprise. Je suis commerçant, je ne peux pas enfreindre les règles éthiques de l'entreprise.

Les lignes rouges, elles sont claires et on ne les franchit pas. En revanche, une fois qu'on a dit ça, il y a une grande liberté d'action à l'intérieur de ces limites qui sont des limites de l'entreprise. On est sans tolérance pour ceux qui font des fautes, on est plus que tolérant pour ceux qui apprennent de leurs erreurs et qui font progresser l'entreprise.

Comment faites-vous pour que, dans un collectif, les collègues se fassent confiance entre eux ?

Dans notre modèle décentralisé avec des autonomies, cela produit inévitablement des clans, des chefs de tribu, des silos, qui ont pour objectif d'optimiser leur performance individuelle au détriment éventuellement de la performance collective.

La première chose, c'est d'avoir une transversalité de l'information. Les décisions sont prises au travers de la hiérarchie, mais les informations transitent indépendamment de la hiérarchie : je suis dans la BU Tartampion et je veux contacter n'importe qui dans une autre BU pour avoir une information parce que j'ai vu qu'il y avait fait telle chose, je le fais indépendamment de la hiérarchie.

C'est un élément absolument important parce que c'est le moteur de l'agilité de l'entreprise, c'est de faire en sorte de donner la confiance aux gens pour qu'ils aillent chercher l'information là où elle se trouve directement.

***Avez-vous vécu quelque chose dans votre carrière
qui a fait repartir la confiance perdue ?***
J'ai racheté deux boîtes qui étaient concurrentes depuis cinquante ans. Elles avaient toutes les deux leur histoire en dehors du groupe Vinci. Culturellement, elles étaient très différentes. Techniquement, elles ne font pas tout à fait la même chose.

Ce que j'ai fait, c'est que j'ai pris les patrons dans une salle de rendez-vous à 16 heures. Je leur ai dit : « Écoutez, on va sortir de cette salle avec une note qui explicite les territoires d'intervention de chacun. À partir du moment où le territoire sera bien délimité, on ne pourra plus aller manger dans la gamelle de l'autre. »

19

Rémy Weber,
ancien PDG de La Banque Postale

Qu'est-ce que la confiance ?

Dans ce monde où il y a de moins en moins de repères, qui cherche du sens en permanence, avoir la confiance d'un collaborateur n'est possible que si on lui donne une vraie confiance. Et si elle est jouée, si elle est subie, ce ne sont pas de vraies relations de confiance. Dans mon métier, la confiance, c'est la délégation. Après, il faut savoir contrôler bien entendu, mais il faut faire acte de confiance. Sinon, je n'y crois pas, je crois que c'est singé.

De nombreux dirigeants parlent de cette délégation et pourtant dans la réalité, la décision est validée par eux. C'est tout le problème, il faut déléguer la prise de décision. Reprendre la main par manque de confiance en soi-même signifie ne pas jouer le jeu de la vraie confiance. Faire semblant de déléguer et prendre le pouvoir par peur à un moment donné arrive fréquemment, et est l'expression même du manque de confiance en soi du manager.

Si l'on ne délègue pas la décision, c'est du pipeau. Après, le manager contrôle, cela fait partie de son métier, mais la délégation est la marque de confiance absolue. D'ailleurs, c'est ce que j'ai fait en arrivant à La Banque Postale en déléguant le pouvoir de décision de risque sur un certain nombre de sujets qui me maintiennent personnellement en risque pénal, mais c'est ça, la véritable confiance.

Quel enseignement a apporté la crise ?

Chez nous, on est dans une logique de B to C, de l'omnicanalité ; il y a du face-à-face en bureau de poste, de la vente à distance *via* les centres financiers. Aujourd'hui, depuis la crise, on a été obligés d'ajouter la vente à distance au domicile du commercial. Puisque le commercial l'a fait pendant la crise, il le refera demain. Quand je me mets dans une logique de donner la responsabilité de traiter de chez soi la production bancaire, j'arrive à une relation de confiance inouïe et forcément réciproque. Demain, dans ce monde tel qu'il se dessine, il y aura forcément la nécessité d'être dans un monde de confiance, d'être dans un pilotage par la performance parce que le manager ne pourra plus piloter par le présentiel.

Est-ce qu'on peut avoir confiance dans une entreprise ?

C'est une vraie question avec tout ce qui se passe en ce moment autour des raisons d'être. Quelles que soient la beauté et la force des mots, la relation de confiance n'a de sens de mon point de vue que dans la vraie vie, c'est-à-dire dans une nouvelle façon de vivre les hiérarchies, dans une nouvelle façon de vivre l'accompagnement.

Comment faire pour éviter que nous perdions ce qui fait une forme de socle, de liant de lien social, de partage de valeur, avec du sens dans l'entreprise ? À mon sens, il ne faut pas tricher, car dès que l'on triche, la confiance est réduite à néant. Cela suppose une exemplarité absolue.

Et la confiance en soi ?

Ça se travaille en intégrant nos doutes, nos remises en cause. Après, la colonne vertébrale de la confiance en soi se construit avec les femmes et les hommes qui nous entourent. Le collectif est central, parce qu'un socle de confiance se construit par les partages, par les échanges, par le vécu en commun, et par les coups durs à assumer ensemble.

Dans une période de crise comme aujourd'hui, il y a des relations de confiance qui se sont nouées hors des hiérarchies. Parce que certains ont traité ensemble des sujets qu'il fallait traiter dans l'urgence, il s'est créé un ciment de confiance qui n'a pas de prix et qu'il ne faut surtout pas perdre en sortant de crise, en réinstallant les organisations du passé. Il y a trop de déperditions de confiance dans nos organisations. Les relations de confiance peuvent exister dans des circuits de relation courte, sans avoir forcément la lecture hiérarchique des choses.

Je crois par ailleurs qu'il n'y a pas de confiance de client vis-à-vis d'une organisation d'une entreprise s'il n'y a pas la même logique de confiance entre le management et le collaborateur dans l'entreprise. Je pense que c'est un cycle complet ; je ne pense pas qu'un client se sente en confiance dans une entreprise si, à l'intérieur de l'organisation, il n'y a pas une confiance dans la chaîne d'exécution de l'entreprise.

Vos conseils pour faire confiance et inspirer confiance ?

Ce qui est fondamental c'est la sincérité. Quand on veut une vraie relation de confiance, il faut être sincère. C'est l'élément clé et au final, la confiance fait alors son chemin.

Ensuite, pour avoir confiance en soi, il faut évidemment beaucoup se nourrir des autres, accepter le fait qu'on n'est pas omniscient, savoir se remettre en question et avoir des doutes.

Le droit à l'erreur est un élément extrêmement important, mais sur la partie confiance, on n'a pas trop le droit à l'erreur dans mon esprit. On peut se tromper dans des jugements, on peut prendre de mauvaises décisions, etc. Mais si on le fait sincèrement… ça ne rompt pas nécessairement la chaîne de confiance. Donc le droit à l'erreur oui, mais le droit à l'erreur sur la confiance, non. On peut se tromper dans le cadre de ses délégations sur une décision… pas trop souvent, mais on peut, si on le fait en sincérité… Cela ne rompt pas la chaîne de confiance de mon point de vue, sauf si on le fait tout le temps, et si tel est le cas, c'est la chaîne de compétences qui est en cause. Quelqu'un qui sincèrement s'investit, même en se trompant, ne mérite pas qu'on lui enlève la confiance, il mérite peut-être de changer de job, mais pas de perdre la confiance qu'on lui porte en tant qu'individu.

20

Stéphane Wilmotte, leader RH de Mobivia

Quelle est votre définition de la confiance ?

La confiance, c'est le préalable qui permet, dans l'acte de management, de pouvoir penser que l'autre est capable de prendre la bonne décision. Cette capacité étant fonction du terrain de jeu du collaborateur, de son expérience et de ses questionnements. La confiance, c'est de croire en la capacité de l'autre à apprendre de ses erreurs, à se remettre en question. Par ailleurs, la confiance nécessite un cadre. Confiance va de pair avec les mots « bienveillance » et « exigence ». On peut faire confiance et être exigeant, ce n'est pas antinomique.

À quoi sert la confiance ?

La confiance est créatrice de valeur : plus on fait confiance, plus il y a d'initiatives au sein des équipes de l'entreprise, et plus il y a de création de valeur.

Dans un monde où les choses évoluent rapidement, des collaborateurs auxquels le manager témoigne de la confiance peuvent prendre une bonne idée et la développer. La confiance crée de l'autonomie et de la proactivité.

Comment inspirez-vous confiance ?

J'inspire confiance par l'écoute et la considération des personnes de mes équipes. J'inspire confiance en écoutant, en montrant de l'intérêt à l'autre, et à ses projets.

Pour favoriser et permettre la prise d'initiatives autonome des collaborateurs, le prérequis est qu'il y ait un terrain de jeu qui soit fixé par le manager, à plus forte raison en cohérence avec le programme et la culture d'entreprise (mais ce n'est pas une condition *sine qua non*). Terrain de jeu veut dire espace d'action, liberté, mais veut dire aussi limites. Il y a ensuite une courbe d'expérience. Le terrain de jeu s'agrandit au fur et à mesure des expériences menées et réussies, pas seulement en matière de résultat, mais de chemin parcouru.

Comment faites-vous confiance ?
Accordez-vous votre confiance ?

J'ai confiance dans la capacité de mes équipes à prendre les bonnes décisions, dans leur capacité à dire quand elles sont en difficulté. Je leur fais confiance dans la capacité à se remettre en cause. Je crois en la capacité de mes équipes à prendre la bonne décision parce que l'on partage, parce que l'on échange, parce qu'on est alignés sur le sens et les actions.

Parce qu'on leur fait confiance, j'ai pu observer que les personnes s'ouvrent, s'épanouissent et sont à leur tour capables de faire confiance à d'autres. Je ne suis pas dans le contrôle et dans les « figures imposées du management ». J'organise un point hebdomadaire le lundi matin à 11 heures, mais c'est un point d'actualité, pas de revue, de contrôle, de mesure.

Cette approche du management par la confiance est quelque chose dont j'ai hérité lors de mes débuts dans l'entreprise. Mon manager de l'époque, Marie-Noëlle, m'a fait confiance. En quelque sorte, son comportement managérial pourrait être résumé de la manière suivante : « Je te jette dans la piscine et quand tu commences à mal nager, je t'aide à bien nager. » Ayant été formé par la confiance, je suis plutôt promoteur de la confiance dans le management de mes équipes.

Comment créer la confiance dans un collectif ?

La confiance nécessite un cadre. Il faut que les promoteurs de l'entreprise suscitent de la confiance envers le collectif. La confiance, c'est en tant que manager partager son humanité, et ses émotions. Il faut être en confiance pour partager ses émotions. Je peux dans mon entreprise partager des moments où je vais bien et d'autres où je vais moins bien. Si j'ai besoin de partager des émotions avec mes équipes je le fais. Il y a une forme de puissance dans l'émotion, le fait de la partager, de la dire, ça aide à titre personnel, mais aussi à titre collectif.

Nous avons fait former nos managers au développement personnel, à une meilleure connaissance de soi, à oser la parole.

Les bureaux partagés matérialisent le collectif et aident à créer la confiance : on se dit les choses. Hier par exemple, on a eu une prise de bec entre dirigeants du même bureau partagé sur un sujet donné, on s'est dit les choses et on a convergé. En Codir, on peut partager des émotions.

La confiance dans le collectif repose par ailleurs sur le partage d'expériences, la reconnaissance entre les personnes de l'entreprise. Mais aussi des projets communs, des objectifs communs en plus des objectifs individuels. Cela favorise l'entraide et la confiance. Par exemple, nos objectifs annuels sont travaillés en premier lieu en commun par le biais d'une vision, d'une stratégie et d'actions. Nous faisons des points de passage au trimestre, alors chacun s'exprime sur là où il en est. Cette vision consolidée et partagée permet l'entraide et la confiance collective dans l'état d'avancement.

Les collaborateurs expriment également leurs difficultés. L'équipe réagit en se questionnant et en s'auto-organisant pour aider la personne en difficulté. L'équipe est autonome sur les moyens pour atteindre des résultats, et concrétiser leurs objectifs communs.

Comment avoir confiance en soi ?

On a confiance en soi par le fait d'obtenir des résultats concrets. Par le fait de partager avec son équipe, ses pairs, ses collègues. La verbalisation aide à avoir confiance, surtout dans les sujets RH où il y a peu de KPI. L'échange avec une personne qui ensuite vous donne un feedback donne confiance. Ça peut aussi mettre en doute, mais c'est sain. Il ne faut pas être en excès de confiance. J'aime bien avoir plein de doutes et apprendre des autres.

Comment aider ses collaborateurs à avoir confiance en eux ?

On peut aider les collaborateurs à avoir confiance en eux en s'ouvrant vers l'extérieur, en allant voir ce qui se pratique à l'extérieur. Ils cherchent en dehors des idées, ils donnent et reçoivent, cela suscite de la confiance.

Avez-vous une anecdote sur un événement qui a déclenché la confiance ?

Il y a quelque temps, nous avions des problématiques sur un entrepôt qui pouvaient être difficiles et impactantes socialement. De fait, je voulais tout maîtriser. J'étais indisponible et j'ai laissé ma responsable juridique y aller. Elle s'est très bien débrouillée. Je l'ai « jetée dans la piscine », comme je l'expliquais à propos de mon début de carrière. J'avais une confiance préalable en elle. On a préparé son intervention à l'entrepôt, elle l'a faite et on a débriefé après. Cela a renforcé sa confiance en elle et ma confiance en elle par là même.

Postface

Myriam Maestroni, présidente Économie d'Énergie

Essayer de synthétiser un ouvrage riche de si belles contributions sur la confiance est un exercice impossible… La seule conclusion que l'on pourrait prétendre pouvoir en tirer serait peut-être que la confiance est une magnifique (peut-être même la seule) porte d'entrée possible vers les *terra incognita* d'un futur qui nous réserve certainement bon nombre de problèmes à résoudre, de nouveaux modes de relations à inventer, des défis à relever, et des nouveaux mondes à construire.

Comment continuer à *préférer le futur* – car c'est là que nous sommes invités à vivre comme nous le disait le grand Victor Hugo – sans les extraordinaires ressources que nous confère la confiance ? J'ai eu la grande chance de rencontrer un maître jésuite, lorsque j'étudiais mon MBA à Barcelone, qui me répétait combien il était important de distinguer les différences entre « sécurité » et « confiance ». Ça m'a pris de nombreuses années pour commencer à saisir que de là découlait certainement notre rapport à la vie, aux autres et au monde… Il me fallut encore plus de temps pour comprendre que la peur, corollaire de la confiance, non seulement ne chassait jamais le danger, mais en plus, nous paralysait, nous faisait démissionner, congelait nos émotions, emprisonnait notre liberté d'être et nous ramenait dans un état d'infrahumanité. Peut-on considérer qu'une fois comprise, cette leçon est apprise ?

Bien sûr que non… d'où l'intérêt de cet ouvrage, qui partage des réflexions et des vécus personnels, fruits véritables de cette confrontation à soi, à l'autre, dans un environnement qui nous mettra de plus en plus à l'épreuve.

Au fond, aborder la question de la confiance, c'est se frayer un passage, ou mieux encore, construire un tremplin entre la science du management et l'art du *leadership*. Un mot que j'utilise toujours en regrettant qu'il soit impossible d'en trouver une traduction satisfaisante dans la langue de Molière pourtant si riche… Mais c'est certainement un autre débat. À l'heure où la création de valeurs par les intangibles devient essentielle pour les entreprises, je trouve rassurant d'explorer des sujets qui ne le sont pas. C'est avec une grande sincérité que les dirigeants interrogés se sont prêtés à cette entreprise qu'il faut avoir le courage de mener, car c'est toujours plus aisé de parler de nos savoir-faire que de notre capacité à savoir-être et à savoir pourquoi…

En effet, l'essence du leadership est précisément de pouvoir créer de nouvelles approches pour faire face à de nouvelles contraintes et ambitions. Pour cela, il n'y a nulle autre voie que celle consistant à mobiliser tous ces talents qui ne s'apprennent pas, mais que l'on peut juste développer… sans peur de l'échec, sans peur du ridicule, sans peur de ne pas être à la hauteur, sans peur de retrousser les manches. Je répète souvent que sans intelligence émotionnelle, il n'y a pas d'intelligence collective, et qu'il est urgent et important de lancer un grand chantier d'alphabétisation émotionnelle, tant nous sommes si peu éduqués et donc si peu sensibles au pouvoir des émotions… La confiance fait partie des carburants qui nourrissent nos « émotions-ressources » et comme le démontrait

Antonio Dalmasio, nous permettent de prendre les décisions justes. Elle est un moteur de créativité, de bienveillance, d'énergie positive, d'optimisme, et de résilience. En ce sens, elle devient un levier d'action fondamental pour « déplacer des montagnes »… Cette tâche ne se mène pas seul, mais en équipe, avec des personnes qui partagent des convictions, des engagements, ainsi que l'espoir de transformer en réalité une vision suffisamment inspirante et porteuse d'espoir, et nécessairement soucieuse du bien commun. À l'heure où nous prenons conscience de notre grande vulnérabilité d'êtres humains, forts de nos quelque 200 000 ans d'existence sur une planète vieille de plus de 4,5 milliards d'années, sans doute la confiance devient-elle le ressort de ce qui nous pousse à vivre, en aimant la vie, tout en actant le principe de notre condition éphémère. Que cet ouvrage devienne une invitation pour chacun d'entre nous à faire face à nos responsabilités et à nos engagements en activant ces nouvelles dimensions qui commencent par l'exploration de qui nous sommes pour nous amener avec tous ceux et celles qui en ont l'énergie vers des *lendemains* différents de nos *hiers*, mais où il fera encore bon vivre et partager ce qu'il y a de mieux en nous.

Biographies

Olivier Truong

Olivier Truong a été consultant, manager opérationnel de start-up et dirigeant dans des grands groupes. Diplômé de l'ESCP Europe, Master à HEC et à l'INSEAD en psychologie organisationnelle, il est docteur en sciences de gestion et certifié de la Harvard Kennedy School of Government. Membre de la chaire du changement à l'ESSEC, il est coauteur de plusieurs ouvrages en management dont *La bienveillance en entreprise* aux Éditions Eyrolles, lauréat du livre DCF 2018. En 2020, il crée le cabinet de conseil Care & Connect (www.care-and-connect.fr) et accompagne les dirigeants et les organisations dans leur transformation.

Fabien De Geuser

Après une thèse de doctorat en sciences de gestion à HEC Paris, Fabien De Geuser a été professeur assistant à HEC Lausanne puis professeur associé à ESCP Europe depuis 2008, où il a aussi été doyen associé du programme Grande École (MiM) puis de la formation continue. Ses recherches et ses enseignements portent sur l'adaptation des instruments de gestion aux besoins des managers ainsi que sur le développement de l'esprit critique au sein des entreprises.

Emily Wiersch

Directrice conseil en stratégie, management et organisation chez Maestis, Emily Wiersch accompagne dirigeants et managers d'entreprises et de collectivités depuis presque vingt ans. Elle est auteure d'une dizaine d'ouvrages de référence sur le changement et la transformation des organisations. Elle est affiliée des chaires Essec du Changement, de l'Innovation Managériale, de l'Excellence Opérationnelle et de l'Innovation Responsable. Elle est VP du thinktank CDO Alliance, qui regroupe les dirigeants parties prenantes de transformations humaines, organisationnelles et technologiques des organisations.

Charles-Henri Besseyre des Horts

Professeur Emérite à HEC Paris, Charles-Henri Besseyre des Horts a aussi été Directeur de l'ESC Marseille entre 1993 et 1995. Il a commencé sa carrière à l'ESSEC en tant que professeur assistant. Ses recherches portent sur les stratégies RH et les démarches de changement, notamment dans le cadre de la révolution digitale. Il a publié un grand nombre d'articles et une quinzaine d'ouvrages sur le management et les RH. Il est le président de l'association académique AGRH (Association francophone de GRH). Par ailleurs, il est Senior Advisor chez Korn Ferry et est activement impliqué dans des activités de conseil et formation en Europe, en Asie et en Afrique.

Paul-Marie Chavanne

De 2001 à 2020, Paul-Marie Chavanne a été directeur général adjoint du groupe La Poste, membre du comité exécutif, directeur du métier Colis et PDG de GeoPost. Il est nommé président d'Egis en septembre 2020. Il est diplômé de l'École centrale des Arts et Manufactures de Paris (1974), ancien élève de l'École Nationale d'Administration (promotion Mendès-France) et inspecteur des Finances.

Dépôt légal : mai 2022

Imprimé en Allemagne par BoD